杭商故事

杭州市工商业联合会　编

IV

浙江出版联合集团

浙江文艺出版社

前言

2017，注定是非比寻常的一年。

金秋十月，举世瞩目的中国共产党第十九次全国代表大会在北京胜利召开，中国特色社会主义进入了新时代。十九大报告第一次提出要支持民营企业发展，首次将"两个健康"写入党代会报告，再度重申坚持"两个毫不动摇"，强调构建"亲""清"新型政商关系……使广大民营企业家精神振奋、豪情满怀。

同样的收获季，对民营企业家具有里程碑意义的《关于营造企业家健康成长环境弘扬优秀企业家精神更好发挥企业家作用的意见》在党的十九大召开前夕出台。这是新中国成立60多年来中央首次以专门文件形式明确企业家精神的地位和价值，肯定企业家的历史贡献，赋予企业家精神全新的时代内涵。条条举措，无不激励着企业家砥砺前行，为民营经济创新发展谱写新的辉煌。

在浙江，省委省政府《关于进一步营造企业家健康成长环境弘扬优秀企业家精神更好发挥企业家作用的实施意见》于第四届世界浙商大会前发布；在杭州，《关于构建新型政商关系的实施意见》《杭州市民营经济发展联席会议工作制度》相继面世，首次民营经济联席会议暨政企对话会圆满召开……伴随着自上而下的阵阵春风，民营经济再次迎来了发展的历史性机遇。

在这不寻常的一年里，企业家们依然在各自的领域中书写着精彩动人的创业故事。而我们，也以坚守和执着继续寻访邀约身边的最美创业人物，认真倾听他们人生路上的酸甜苦辣，及时分享他们创业途中的喜怒哀愁，一同为泪水而感动，为困苦而唱叹，为成功而欢欣，为梦想而坚守。在一次次的感怀、一遍遍的浏览中，共同感悟理想信念的精神力量，共同见证非公经济人士理想信念教育实践活动的累累硕果。

坚忍不拔的创业精神、敢为人先的创新精神、兴业报国的担当精神、开放大气的合作精神、诚信守法的法治精神、追求卓越的奋斗精神，在我们每一位企业家的真情倾述中，在我们记者每一次的细腻笔触下，所有璀璨动人的故事渐渐在杭商的精神血脉里汇集凝聚，汩汩流淌。

这是对新时代浙商精神的生动阐释和最好注解。

同以往一样，我们将全年发表在《每日商报》"中国梦·创业梦——最美创业人物"上的50篇访谈收录成册，仔细编校，编成第四本《杭商故事》，并于此刻呈献给更多亲爱的读者。

明年，我们将迎来改革开放40周年。在这40年的历史进程中，民营经济留下了浓墨重彩的一笔，成就了无与伦比的辉煌。站在新时代的节点上昂首远眺，真诚期待广大非公经济人士乘着十九大的东风，抖擞精神再出发，在杭州世界名城建设中继续为《杭商故事》书写流光溢彩的篇章。

编　者

2017 年 12 月

目 录

章方祥
东冠人的幸福经济学

　　经济学鼻祖亚当·斯密在《国富论》中提出，人类都是"理性经济人"，总在一定约束条件下实现自己的效用最大化。在西方经济学中，这个论断被视为人类经济行为的一个基本假定，是一切经济理论的前提。但人类的幸福并不在西方经济学研究的课题范围内。

　　在东冠集团有限公司董事长章方祥看来，中国经济学范式本质上是幸福经济学，更加注重主体价值的实现，是将人的幸福最大化作为最终目标的。

　　在过去40多年的发展历程中，章方祥始终把"幸福指数"作为衡量企业发展的首要标准，在带动大家共同致富的同时，为员工创造实现自我价值的机会，与集团员工和东冠村的村民们共享发展成果。"共创、共赢、共享"，是章方祥最为珍视的"东冠智慧"。

杭州市工商业联合会副主席
东冠集团有限公司董事长

章方祥

共创：为创业者搭建孵化梦想的平台

采访章方祥的时间是早上 9 点，外面下着小雨，见到他的时候，一身西装革履，从轻快的步履、握手的力度和富有感染力的笑容中，都透露出他勃发的锐气。

"我每天要走六公里的路，风雨无阻。"章方祥略带调侃地说，"自己每天肩负着 2600 多个员工的生活，不锻炼好身体怎么吃得消呢？"这句看似逗趣的玩笑话，却也反映出一位企业家内心的责任感与紧迫感。已经当上外公的章方祥，没有过上含饴弄孙的清闲生活，反倒比过去 40 年更加忙碌了，他需要思考企业如何走好下一个 40 年。

回想起 1975 年，那时的东冠村还叫冠三村。村里的 60 多个青壮年组成了一支副业队，作为劳务输出到上海谋求生路。年仅 18 岁的章方祥也打着背包、挑着土筐、带着铁锹加入了这支打工队伍，他是队伍里年纪最小、个头最矮、力气最弱的成员。但每个月能挣到 10 元补贴，每年还能记上 260 个工分，对于章家来说，他已经是养家糊口的一个壮劳力了。

谁都不承想，这支农民工队伍，如今已经发展成为一家集通信服务、楼宇物业、房产开发、建设工程、金融投资、酒店服务等多个产业于一体的大型企业集团。而当初这个不起眼的小伙子，后来成长为东冠集团的领航人。

如果把章方祥与"东冠"的创业历程整理成一部编年史，其中有无数大大小小的转折点，都对章方祥的人生道路与东冠的发展走向产生了影响。但有一件事，可以说是决定了东冠的生死存亡，值得大书特书一番。

1984 年，知青大量返城。为了给知青留出工作岗位，上海市开始整顿施工行业，限制外地劳务工人。当时的冠三村副业队，已经被萧山县工商行政管理局正式批准成为浦沿公社电力安装工程队，队伍的规模也从 60 多人扩充到了 100 多人，由章方祥出任安装队经理。凭借吃苦耐劳的精神，业主方也对安装队越来越认可。突如其来的清退令，给了他们当头一棒。

在大部分人选择回村里干农活的情况下，章方祥却陷入了艰难的抉择。"正好女儿出生，妻子和家人需要照顾，打退堂鼓也是人之常情。但如果回家，就意味着安装队从此散伙，在上海这些年的基础就白打了。回家种田这条路，虽安稳，但不会有多大的出息。"章方祥的性格，让他不甘于在平庸中度过一生。

看准了上海通信施工行业的发展前景，他决心留守上海。他首先与萧山电信局合作，让村办的电力安装队有了国营的背景。牌照解决了，但人也走得差不多了，章方祥逐个做思想工作，给大伙讲下一步的愿景和目标，最终有 14 名员工选择追随他。多年来，每逢东冠开年会，章方祥都要把这 14 位元老请来坐主桌。他说，当年如果没有这些人，东冠历史就要改写。

正因为深知创业的艰辛，2008 年东冠实施多元化发展战略后，章方祥便开始布局创新创业板块，希望为创业者们搭建孵化梦想、学习交流与融资对接的平台。目前，东冠在杭州市滨江区江南大道边上拥有东冠创业大厦、东冠恒鑫大厦、东冠大厦三幢物业，并在内部着力打造众创空间。"我们不局限于扮演房东的角色，而是通过股权投资深入参与到项目的成长中去；同时也作为 LP 投资专业基金，通过借脑借力借势，追赶'大众创业、万众创新'的浪潮。"

与此同时，东冠的金融服务板块也粗具规模。2009 年 4 月，由东冠集团发起成立的滨江首家小额贷款公司开业。同年 11 月，东冠集团参股嘉善村镇银行。秉持着"比民间借贷更便宜，比银行贷款更便捷"的服务理念，东冠小额贷款公司为小微企业带去了福音，连续多年被评为全国小额信贷公司标兵企业。

共赢：创一个品牌　富一方百姓

创一个品牌，带一片产业，兴一地经济，富一方百姓。大多数企业家只能做到第一层次，而章方祥却真正做到了"达者兼济天下"。

1994年，东冠集团正式诞生了，公司总经理章方祥同时当选为村党总支书记，村企合一的运作模式开始实施。新官上任，他就提出要建设高标准的社会主义现代化新农村，对农民建房采取了"统一规划、统一设计、统一面积、统一标高、统一建设"的办法，有效解决了"年年建新房，不见新村庄""室内现代化，室外脏乱差"的问题。

对于建房地段的选择，建房时间的确定，村干部和群众一视同仁，没有职务高低之分，照章办事。新农村建设所需要投入的资金，均来自东冠集团的股份分红。五年之后，全国各地的考察人员纷至沓来，东冠成为全国新农村建设的一面旗帜。

为建立和完善企业的法人治理结构和现代企业制度，东冠集团在20世纪90年代经历了三次改制。直到2001年，集体产权彻底退出，东冠由一个村属企业彻底转制为民营企业。如今回过头去看，章方祥坦言，当时的改制工作像是打了一场硬仗，克服了各种各样想象不到的矛盾和问题。但为了企业的长远健康发展，他始终坚定改制的步伐。

为了东冠村的安定团结，他把集团最好的优质资产（包括集团综合大楼、电缆公司厂房）全部留给村集体，而集团留下的是亏损企业和大量的债权债务。外界普遍认为东冠不行了，认为章方祥搞转制把企业也搞垮了。章方祥却抱着"二次创业"的心态，本着"从零开始，奋斗五年，再创一个新东冠"的理念，带领团队重新起程。2007年，集团产值、销售收入和利税总额比转制前的2001年分别增长了1.8倍、2倍和1.32倍，整个企业呈现欣欣向荣的良好态势。

同时，章方祥于2005年圆满卸任东冠村支书一职。虽然卸去了职务，却没有卸去他对东冠村父老乡亲的责任和情谊。每年岁末，他都要拿出100万元捐助给村里，补助60岁以上的老人和经济相对困难的村民。

当了11年村支书，章方祥打造了一个影响很大的东冠品牌，培养锻炼了一支吃苦耐劳、战斗力超强的人才队伍，成就了一批资产上百万、上千万、过亿元的大老板，为子孙后代建设了一个蒸蒸日上的东冠新农村。

共享：对人才的投资是最有价值的投资

东冠一位工龄十年以上的员工说，之所以这么多年坚定地留在东冠，不仅是因为企业本身的持续稳定发展，更是因为章方祥这个领航人的个人魅力。"我2002年来到东冠，董事长就给基层的新人开放了入股的机会，当时以10万元入股，到2014年拿到原始股金和分红，回报之丰厚远远超出了我的预期。"

除了这样实实在在的成果共享，东冠的人才培养机制也非常完善。章方祥认为，对人才的投资永远是最有价值的投资，从长远来看一定会超过投资黄金与土地的价值。"投资人才最首要的是投资自己，企业家只有不断学习，才不会被时代所淘汰，才能和更多优秀的人才合作；同时要不计代价地投资团队，所谓'融资不如融智，融智不如融心'，有人在资产才是活的。"

最近，章方祥又在集团内部提出了"345人才工程"，即在现有的30位能挑大梁的70后人才基础上，重点培养40位80后与50位90后作为支撑企业未来发展的人才储备。通过内培外联与轮岗制度的实施，将他们培养成"会说、会写、会思考、会干"的"四会"人才。

作为村支书的章方祥完成了使命，作为企业家的章方祥却不会止步。他表示，未来将继续精耕主业，紧跟通信运营服务商开拓全国通信运营服务市场，积极探索智慧城市运营模式，在深耕江浙沪市场的基础上，布局北京、四川、天津等新区域市场，力争成为全国首屈一指的通信工程运营服务商。

2017年12月27日

方能斌

创新与人才如鸟之双翼

杭州市萧山区工商业联合会副主席
杭州市工商业联合会副主席
胜达集团有限公司董事局主席

方能斌

"我们这一代不能叫'富二代'，应该叫'苦二代'才对。"将从 2000 元起家的胜达纸包装产业做到百亿，陪伴胜达走过 30 余年的发展历程，方能斌从一个在风雨飘摇中劈波斩浪的弄潮儿，成长为在巍巍巨轮之上指点江山的掌舵人。

"在激烈的市场竞争中，只有坚持进行技改创新，引进培养优秀人才，企业才有持续的生命力。"在方能斌眼中，创新与人才，如车之两轮、鸟之双翼，将持续为胜达保驾护航，助力胜达平稳地穿越每一场疾风骤雨。

闯出一条技改创新之路
树立中国包装样板企业

2013 年 1 月 28 日，是胜达集团建企 30 周年纪念日。那一天，位于杭州萧山河上镇的胜达江南园举办了一场意义非凡的传承大会，胜达集团新掌舵人方能斌从父母手中接过金印章，正式开启属于胜达的新征程。这一幕在旁人眼中或许风光无限，但方能斌无比深刻地感受到，他接过的是一份沉甸甸的责任。

方能斌至今依然记得，20 世纪 80 年代，父母在简陋的平房车间里带领工人糊纸箱子的场景。当大学毕业的他进入胜达集团的前身——萧山包装材料总厂时，脚下并不是光明的坦途，而是面对着人才匮乏、设备短缺的局面，前路可谓步履维艰。但方能斌一身少年锐气，一腔雄心壮志，硬是在企业发展的关键时期闯出了一条技改创新之路。

1992 年，公司决定与香港富春粮油品有限公司、浙江粮油进出口公司合资办厂，方能斌与同事们极力引进先进设备，提高产品档次，当年的产值和销售额突破了亿元大关。第二年，企业为延伸产业链决定创办造纸分厂，方能斌更是几乎一步不离生产车间，攻坚克艰，实现了当年投产当年赢利的目标。

"技改使企业尝到了甜头，但若是浅尝辄止，终究无法成为一流企业。"在这样的信念指导下，即使在市场低迷疲软期，方能斌也依然力排众议，不断加大技改投资，新建生产基地，引进现代化生产设备乃至世界最先进的生产线，产能扩张与品质提升齐头并进。最让同行咋舌惊叹的是，1999 年，方能斌带领团队，仅用 8 个月时间完成了第三基地的建设，引进世界一流的设备，胜达因此一跃成为全国最大规模纸箱包装企业。

进入 21 世纪之后，已经成为集团总裁的方能斌，制定了主业不放松、多元化发展的策略，先后进军纺织业、房产、保税物流、化工、钢结构等多个领域。每进入一个新的行业，方能斌都是从零开始，与团队日夜研究市场行情，筹建企业，引进设备，将产业辐射到江苏、湖北、山东乃至四川等地。2012年，胜达集团的营业收入破百亿大关，再一次证实了方能斌的远见与魄力，也验证了技改创新之路的前瞻性与科学性。

聚焦主业融合发展
推进智能制造与"互联网＋"

虽然多元化发展的战略造就了胜达这艘巨轮，但企业进入稳定发展期之后，容易出现精力分散、重心不稳的问题。作为掌舵人，方能斌没有自我陶醉，而是时刻保持清醒头脑："中国有两万家包装企业，而在美国只有几十家，那是充分的市场竞争与优势重组的结果。与世界诸强相比，胜达的核心竞争力明显不足，应该重新聚焦主业，带领中国的纸包装产品走向世界。"

因此，从2013年开始，方能斌将胜达总战略重新定位成"实干兴企、创新强企、金融助企"，实行"突出主业、融合发展"的战术。这里的"融合发展"指的不再是横向扩张，而是纵向延伸，通过收购整合产业链上下游，提升自身竞争力，围绕纸包装行业打造世界一流的公司。而早在2004年，方能斌就瞄准浆纸业，收购重组江苏双灯企业，2012年又出资1.28亿元成功控股重组爱迪尔包装公司，这些都为主业发展奠定了坚实的基础。

"随着环保工作的日益推进，上游造纸厂的产能受到一定限制，原纸供应的不稳定致使价格波动较大，给包装厂造成不小的压力。"如今的市场形势看似严峻，但方能斌却能化潜在危机为机遇。"小型包装企业一旦遭遇原料供应问题，很有可能无以为继，但这对于规模以上的纸包装企业来说，却是倒逼企业转型的良好契机。"

不出方能斌所料，自2016年下半年开始，陆续关停的小型包装企业释放出大量产能，这些订单不断涌入胜达，尤其是高端定制订单，对企业的生产能力提出了更高的要求。他提前制定了对策，一方

杭商故事 Ⅳ

面继续加大原有工厂的智能化改造，另一方面通过建立新的智能化工厂来消化产能。

2017年上半年，胜达集团实现营收67.24亿元，同比增长15%，这与企业大力推进全方位智能改造密不可分。据方能斌介绍，胜达对纸包装流水线系统进行了全面升级改造，引进国际一流的生产管理系统，实现生产过程的信息化、集约化管控：通过基于云平台的个性化物料供应管理系统对原纸进行管理，通过交互式下单与智能制造管理体系对订单与生产进行管理，并通过智能仓储与智慧物流配送服务对车辆运输进行管理。"针对纸包装需求尤为旺盛的电商企业，我们完全可以做到当天接单，当天交货，客户还能实时查询、跟踪生产进度。"利用物联网技术，集团核心企业大胜达包装公司的人均生产效率提高了138.4%，设备利用率提升了33.1%，库存周转率提升了26.6%。

同时，胜达在"互联网＋"方面的探索也走在同行的前面，两年前就与国内一流线上服务众包平台重庆猪八戒网强强联合，建立包装设计电子商务平台，打造包装产业线上、线下全生态链。"我们希望以包装设计端为切入口，解决包装用户设计团队单一、设计成本高等问题，通过'互联网＋'推动传统产业转型升级。"

养活员工更要养富员工
技术人才是制造业根本

"如今，胜达对包装行业人才的渴求超过以往任何一个时期，因为21世纪的企业竞争必定在于人才的竞争。"方能斌说，"企业不能只是单纯地养活员工，而是要养富员工。"

不得不说，身为胜达的员工是幸福的。企业不仅为4000多名员工交齐各类保险，每年补贴食堂800多万元，耗资300万元购买豪华大巴接送员工上下班，还专门建造宿舍楼供他们免费居住，解决了外地员工的住房问题。在集团30周年庆典大会上，更是拿出3000多万元重奖为企业做出贡献的 400 多名优秀员工。平日里员工家中有困难，方能斌也总是全力相助，力图让员工无后顾之忧。

为抢占人才制高点，早在十多年前，方能斌就从湖南株洲工学院一次性引进了 37 名本科生，并选送了 5 名业务骨干前往德国、瑞典接受培训。结合企业实践经验，方能斌曾写过一篇名为"浅谈乡镇企业人力资源的开发和管理"的论文，为公司的人力资源管理工作奠定理论基础。在之后的每一年，胜达都会引进 30 多名高学历人才，为企业发展提供后备力量。

方能斌对于技术人才给予了同等的重视。"20 世纪 90 年代初，国内当时最好的流水线每分钟能生产 150 米左右的纸板，但是美国、德国等国家的工厂却能生产 300 米左右，这里的差距就体现在技术人员的水平上。因此我们在进口设备时，都会跟对方谈好，由他们为我们培训技术人员。"他一直认为，技术人才是制造业的根本，但是当前社会在一定程度上忽略了对技术人才的尊重与关怀，高校对于技术人才的培养更是不够到位。

三年前，在方能斌的提议下，胜达集团与萧山技工学院共同招收了 30 名学生，组成了一个"胜达班"，采用企校联合培养的模式打造技术骨干。这些学生前两年由学校教授理论知识，第三年在企业岗位上实战演练。目前首届"胜达班"的学生已经进入实习期，后面招收的两届也在有序地推进。

方能斌相信，插上创新与人才的翅膀，胜达将飞得更高、更远，最终攀上世界包装行业之巅。

2017 年 8 月 30 日

徐建祥

打造精品工程为企业代言

　　初次见到徐建祥时，是在他的办公室。从玻璃窗向外望去，钱塘江沿岸的城市高楼建设正如火如荼，而这其中，也有徐建祥承建的工程项目。

　　在建筑工程总承包行业摸爬滚打了近40年，徐建祥与杭州这座城市共生共长，见证了一幢幢楼宇的拔地而起，打造出了层次分明的城市天际线。在他眼里，建筑早已不再是单纯地做设计、画图纸、盖房子，而是精心锻造一件作品。

　　从一名乡镇企业的职工，到一手创立建筑公司，拿下"西湖杯""钱江杯"等多个建筑工程奖，公司连续多年被评为杭州市优秀建筑业企业，徐建祥觉得，经营企业不仅需要审时度势抓住时机，还需要有稳定的收入和利润，这样才能在激烈的市场竞争中走得长远。

浙江富成建设集团有限公司董事长
杭州市总商会副会长
徐建祥

契机：抢抓机遇，投身工程建设

位于银泰国际的徐建祥办公室，处处透露着简单朴素的气息。办公桌上，一只公牛的雕塑摆件正做奔跑状；橱柜里，历年的奖杯奖状有序陈列。徐建祥说，从事建筑行业不需要华丽花哨，脚踏实地、抓住机遇才是真。

20世纪70年代，20岁的徐建祥高中毕业，在当地的一家乡镇建筑公司做建筑预算，就此开启了他的建筑工程之路。"在乡镇企业工作，但凡有点文化知识，便是重点培养对象。"刚进单位不久，徐建祥就接触并学习了不少建筑领域中的新知识。他下了狠劲，成了当时萧山县（今杭州市萧山区）的第一批工程师。

单位的锻炼和自身的努力，使徐建祥一步步成为具有实践经验，又有专业技术的乡镇企业管理者。1995年担任总经理的徐建祥，恰逢国内乡镇企业大规模改制的热潮。嗅觉敏锐的徐建祥意识到当时的建筑行业正处于萌芽阶段，也猛地一头扎进这股改革的浪潮之中，创办了浙江东冠建设工程有限公司。

徐建祥开始招兵买马，大力招揽优质人才。当时，浙江大学建筑系在杭州的名气颇为响亮，偶然一个机会，徐建祥遇到了浙江大学土木工程力学空间领域的一位教授，与他相谈甚欢，后来这位教授就成了徐建祥的"麾下大将"。

"起初我和这位教授只是朋友，互相交流施工建设过程中遇到的问题。聊着聊着，就擦出了合作的火花。"徐建祥说，东冠建设能为学科型人才提供一个相对宽松的工作环境，支持他们在工程建设过程中的操作实践，这是企业吸引优质人才的筹码。

人才的集聚使公司的设计与施工能力得到了质的提升，承接的工程越来越多。"不仅如此，公司里的老员工也积极发挥'传帮带'的作用，每天都在实践中进步。"徐建祥表示，人才储备让公司的运营增添了信心，也让他在建筑工程的道路上义无反顾地前行。

突破：以小博大，打造精品工程

不过，随着建筑行业的进入者越来越多，在激烈的市场竞争中，东冠建设也遭遇了"比上不足，比下有余"的瓶颈。在经过深入调研后，徐建祥意识到，优秀的建筑公司都是以优秀作品说话，"为了让企业脱颖而出，就需要打造一个个精品工程为企业代言"。

恰好上海分部传来消息，上海松江要公开招标建设一幢标志性建筑物——上海松江信息大楼，涉及资金近三亿元。春江水暖鸭先知，鏖战在市场一线的徐建祥觉得，这是一次难得的绝佳机会。他发动公司全体员工参与到此次项目的竞标中去："无论如何都要拿下这个亿元订单。"

但其中面临的问题也不少。竞标企业必须具备一级资质，而刚刚成立不久的东冠建设，无法达到这样的要求。"通过挂靠在别家建筑公司名下，企业才算是具备了竞标的条件。"为了这个项目，徐建祥和公司团队集体前往上海，挤在一个办事驻点里，日日夜夜琢磨如何优化方案。与12家来自全国各地的强劲对手进行激烈的角逐后，徐建祥和他的团队终于拔得头筹。

1998年，上海松江信息大楼竣工。徐建祥和他的团队成员在大楼前合影留念。凭借过硬的品质与良好的口碑，这个项目获得了上海市"白玉兰杯"优质工程奖项。

"松江信息大楼这个工程，对我来说，印象实在太深刻了。"他随口就说出了一连串的数字：765天的建设工期、142.5米的楼层总高、2.5亿元的订单额……如今，上海松江信息大楼依旧是上海松江老城区的标志性建筑。徐建祥说，他每次去上海都会驻足观望，回味当年创业时的激情与梦想。

东冠建设在上海松江信息大楼工程上获得的巨大成功，大大提升了"东冠"在建筑业界的声誉。同时，东冠建设也赶上了一个好时代。杭州城镇化的快速发展，带动了房地产开发商的投资热潮。东冠建设的主业就是房屋建筑工程总承包，积攒的名气让公司承接了不少本地的重大建筑工程项目，而稳定的业务也让企业得以快速崛起，迎来新的转折点。

展望：实业为本，探索多元发展

2009年6月，浙江东冠建设工程有限公司进行了重组，组建成立浙江富成建设集团有限公司，徐建祥担任董事长。

公司成立时，房屋建筑施工总承包资质为暂四级，通过在人员培养、技术创新、管理创新方面的不断优化，公司资质晋升至一级，还拿到了机电、地基基础、装饰装修工程设计与施工等多个细分领域的资质。如今，富成建设的业务遍布浙江、江苏、安徽、上海等地，有职称的工程技术人员达300多名，中级职称以上人员近百名，配备了200多台施工设备，组成了一支强大而精悍的施工队伍。

在行业内扎根近40年，徐建祥感慨道，当初和他一起搞建筑的人，许多已经离开本行业了，而他始终坚守，很大一部分原因还是放不下肩上的担子和跟着他一起闯事业的弟兄。

"企业要实现长远发展，必须要有稳定的增长点，保证主业的可持续发展。"在徐建祥看来，与现在很多企业大面积撒网布局不同，富成建设不应该在乎业务面的大而广，而应重视主业的专而精。因此，富成的业务拓展和开发始终以杭州为圆心，以300公里为半径向周边辐射。"在这样的距离内，一旦项目发生问题，一天之内我就能快速进行处理。"徐建祥还要求建设工程制定严格的标准："任何一项工程，采购方都会有一个检验标准，但作为施工方，我们常常会在基础的标准上提高1到2个点，这样我才放心。"

"永不满足"是一个工程争优创誉的动力，也是身为建设者能够保持不竭的创造力和创新能力的秘诀。时光给徐建祥添了几缕白发和些许皱纹，但未曾改变他对建筑、对质量饱含激情和热爱的内心。他在企业内部积极倡导工匠精神，让每一个员工继续在"经天纬地"的建设之路中摸索前行。

如今，杭州的城市化正日益呈现出美好的图景，成为一流的世界名城的目标让徐建祥对企业未来的发展充满期待。徐建祥表示，下一阶段除了坚守主业之外，还将用资本的力量在文化创意、生物医药等产业进行多元化的探索。

2017年11月29日

白友其

匠心铸就生态人居环境

杭州市上城区工商业联合会副主席
浙江易之园林股份有限公司董事长
白友其

　　白友其与人对话的方式颇为独特，他不喜欢按部就班地叙述事实，更喜欢出其不意地表达犀利独到的观点。

　　"如今有很多企业都说自己的目标是成为百年企业，但对于一家企业来说，100年的历史其实并不算长，更不应该成为我们追求的终极目标。"白友其抿上一口茶，将精妙的商业哲学缓缓道出。"做企业就像西天取经，历经九九八十一难才能取到真经，而能否参透这部真经的奥义要看自身修炼，这种修炼同样是无止境的。"

　　作为万科这样的"狼性"企业在生态环境领域的战略合作伙伴，白友其征服同行的不仅是他对工匠精神的执着坚守，更是他非同寻常的思想高度。一面是实干家，一面是思想家，白友其在这两种角色之间达到了绝佳的平衡。

连续四年获评万科 A 级供应商
源于对工匠精神的极致追求

2014 年 2 月 17 日，万科集团正式对外发布其合格供应商名录，俗称"供应商白名单"，这一举动当时在业界引起了巨大反响。在多达 824 家供应商的名单里，只有 35 家获评为 A 级供应商，占比不到 5%，而浙江易之园林股份有限公司正是这 35 家 A 级供应商之一，也是同行业中唯一入榜的一家。

"评分标准是每年递增的，今天能拿到 A 级质量评分的，如果质量要求没有提高，下次未必是 A。"当时万科主管工程和采购的副总裁曾表示，如果万科发现合作的供应商在其他企业或其他地方出现多次质量及信誉等问题，也会取消合作，也就是说，只给万科提供合格产品是不行的，这是关乎企业价值观的问题。万科对供应商的要求之高由此可见一斑。

而令同行瞠目的是，易之园林在之后的几年中，没有一次缺席这份 A 级供应商名单。要知道，我国在工商局正式注册的景观园林公司多达数万家，具备城市园林一级资质的企业也有上千家之多，地产大佬为何独独青睐易之园林呢？

"企业的成功并不像一些文学作品里描述的那样，在某个时间节点突然从谷底升到高峰，从此一帆风顺、高歌猛进。"白友其不认为"易之"的成功是一蹴而就的，恰恰相反，他认为企业的发展是曲折渐进的，客户的信任也是一个不断积累的过程，关键是将眼前的机会牢牢地抓在手上。

据白友其回忆，万科与易之经历两年的默契合作之后，才决定将上海的高端项目"第五园"的园林景观交给易之负责。工程验收的那天，白友其从外地赶到项目现场时是凌晨一点多，虽然白天已经通过了甲方的审核，但他仍然以惯有的严苛眼光复查了每一个细节。在路过大门口呈方阵排列的拴马桩时，他不由得蹙起眉来：接缝之间有细微的参差，乍一看很难发现，而仔细端详之下，仍觉得在整体美观程度上未臻完美。白友其连夜召集工人整改，大气威严的拴马桩在第二天重新呈现在甲方面前。易之对细节的极致追求让万科也为之惊叹，那一年，易之拿下了万科"从未有过的精良奖"，这是万科有史以来第一次颁发这样的奖项。

营销思维造就品牌魅力
将生态环境艺术融入自然与生活

在采访过程中，白友其一直强调"营销"这个概念的重要性。"许多人会认为营销就是把产品推销出去获取利益，其实并没有那么简单。"说到这儿，他停顿了一下，神秘地笑了笑，反问记者的看法："营销是一种说服对方认同自己的理念的过程吗？""大家总想用一句话来概括每个事物，这样并不好。"

白友其从来不喜欢准确、武断地对事物下定义，他更偏爱开放式的思维方式，这样的理念同样贯穿在易之的景观作品打造过程中。"大自然才是真正的主人，而人只是应邀入幕的宾客。"他解释说，如果设计不能与原生态的自然景观相融，显露出过重的人工雕琢之气，那一定是失败的作品。

多年前偶然看到的一句广告语曾深深地打动了白友其："把家轻轻松松地放进大自然中去。"他说，这正道出了他心目中的现代居住理念——"真正的人居理念不应当以破坏生态为代价"。尽管承接的项目大多是高端楼盘，但是白友其坚持不用直径超过 35 厘米的大树。"因为这样的大树不可能是自己培养出来的，而是从生长了几十年的土地里挖出来的，这对生态链是一种难以修复的破坏性伤害。"他面露沉痛之色，继续说道，"若移植参天大树，就不得不斫其枝叶，留下光秃秃的树干，这又何来美感？"

"莺燕花中亦留白，觞筹浊里也有净。"走进易之打造的生态环境，就如同走进中国传统的水墨画，不会让人感觉到一丝一毫的逼仄与突兀。在充分利用空间的同时不忘留白，易之真正实现了把园林景观当作一门艺术来打磨，也让自然生态真正融入人们生活的企业价值观。

这样的理念在实际施行过程中并不是没有困难，有许多客户并不认同这种近乎固执的坚持。但白友其说，设计师不能盲目听从客户的意见，必须有自己的独立判断能力。"这时候就要考验一个人的营销能力了。"他再一次提及了"营销"这个概念，并耐心解释说，营销不是一味地迎合别人，坚持自己的原则反倒能形成独一无二的品牌魅力。

正是将人文理念、生活态度与美学思想完美融合到生态环境中去，易之的产品有了艺术作品的特质，这让多家知名房地产公司找上门来寻求合作。据白友其透露，目前华东地区的房地产上市公司中有80%都与易之建立了合作关系。

修炼自身保持企业高速成长
使命是为"新娘"风光送嫁

与白友其深聊下去，你会发现他是一个非常健谈的人，从国家大事到百姓民生，似乎没有他不关注、不了解的领域，观点之犀利、知识面之广博令人敬佩。似乎是看到了记者内心的疑惑，他大大方方地打开手机微信向记者展示，里头从财经信息到养生之道无所不包，足见他平日里的阅读量之大与阅读面之广。

不仅重视自身的修养，白友其也非常关注员工的综合素质提升。"我们公司里有一个年轻人，刚刚进来工作的时候非常内向，几乎没见他说过话。我在内部开会的时候就经常点名叫他发表自己的看法，他现在与人交流已经完全没有问题了。"他在不经意间提到的这件小事，恰恰体现了他对待每个员工都如同对待自己的孩子一样，耐心培养，帮助他们快速成长。

"我们与客户是一条战壕里的战友，我们的服务能力与成长速度必须不输客户的发展速度。"白友其并不认同"一步一个脚印"这个说法，他认为"做企业就像攀山，只能不断地向上极速攀登，不能瞻前顾后缓步前进，否则就很有可能被冷酷却真实的'丛林法则'所淘汰"。

"产品的使命其实就是为客户'做嫁衣'，把新娘打扮得漂漂亮亮的，能够风风光光地嫁出去。新娘子如果不漂亮，那一定是我们做得不够好，因为每一个新娘子本身都应该是非常美好的。"的确，秉持这样充满爱与美的理念，又何愁打造不出让人们眷恋不舍的家园呢？

2017年4月13日

吕 晴

消防行业的"火凤凰"

浙江恒基消防工程有限公司董事长
杭州市上城区总商会副会长
吕 晴

　　许多人第一次见到吕晴，都猜不到她从事的行业。这是因为她知性优雅的外表，与消防这个"男人的行业"大相径庭，反倒让人以为她是一位知书达理的教师。

　　谁能想到，自1993年创立杭州恒基消防工程有限公司以来，吕晴已经在这个行业坚守了20余年。"消防系统相当于给公众的生命安全上了一道保险，但至今仍有许多人对消防的认识不深，宁可穿得漂亮，也不愿穿得保暖。"在她看来，致力于提升整个社会的消防安全水平，是她肩负的责任，也是她毕生的追求。

传承改革创新精神自主创业
紧抓内地消防产业发展机会

20世纪90年代初，刚刚大学毕业的吕晴回到了父母工作生活的所在地——深圳。

深圳曾是一个充满神话与奇迹的城市。它是《春天的故事》里南海边的那个"圈"，是改革开放政策的首个实施地。1985年建成、高160米的国贸大厦保持"中国第一高楼"的地位达10年之久，建设时"三天一层楼"的速度，一度震惊全国，让"深圳速度"成为风行的价值观。

在深圳长大的吕晴，亲眼见证了这个城市的崛起，身上也印刻着敢拼、敢闯、敢为天下先的改革创新精神。她没有选择顶父母的职这条看似顺风顺水的路，而是一头扎进职场，从底层开始艰苦历练，逐渐积累独立创办公司的经验，为自主创业做万全的准备。"我常常白天工作，晚上看书、上课给自己充电。"吕晴回忆说。

在与各行各业深度接触的过程中，吕晴看到了消防产业在内地的发展机会。"深圳毗邻香港，彼此联系紧密，国外先进的消防理念与消防设备早已通过香港进入深圳，并且在实际建筑工程中得到应用；与此同时，内地正在大规模搞建设，大家对于消防系统的概念还未建立起来。"

年轻的吕晴没有思考太多，凭着一股闯劲回到母亲的故乡杭州，召集了十多个志同道合的创业伙伴，于1993年创立了浙江恒基消防工程有限公司的前身——杭州恒基消防工程有限公司。

占领先机　树立标杆
承担 G20 峰会消防安全保障任务

作为浙江省首家经考核认证的消防工程安装专业公司，恒基消防成功占领了市场先机，并在之后的20多年里不断积累品牌信誉。

"我们最初主要从香港引进国外设备，为内地的工程项目配套符合规范的消防产品，随着团队的不断壮大，公司的业务逐渐拓展到整个消防系统的规划设计、安装施工以及后期的维保维修服务。"吕晴说。

如今，恒基消防已经成为浙江消防产业的标杆企业，更在2016年杭州G20峰会期间接到了重要的消防安全保障任务，具体负责中国美术学院与杭州西溪投资发展有限公司旗下悦榕庄、悦椿、曦轩、布鲁克四家酒店的消防维保服务。其中，中国美院是G20峰会外事参观活动点，西溪片区酒店则负担日本、印度和沙特领导人的接待任务。

为了让消防安全达到国际水平，最大程度降低消防事故误报发生率，从2016年7月下旬开始，吕晴就指派了近20名技术维修人员对上述场馆进行全面的检查维护与保养升级，并一直持续到峰会开始。此外，为防止突发事件的发生，她还牵头对可能发生的突发事件，制定了不同的应急预案。

中国美院由于安保要求不能现场值班，团队自发在警戒区外待命。9月3日上午，公司突然接到中国美院的报修：由于电力拉线导致美院活动主会场突发线路故障，需要立刻派人维修。吕晴马上带领团队找到了故障点，从报修到维修完毕只用了一小时左右的时间。针对西溪片区四家酒店，她则指派了6名经验丰富的技术人员24小时值班，12小时轮班倒，休息时也只能在地下室小憩。峰会结束后不久，杭州西溪投资发展有限公司的书面感谢信就送到了吕晴手里，他们为恒基消防的优质服务点赞。

未来的发展方向是智慧消防
重视人才　鼓励内部创业

近年来，我国正在大力推动智慧城市的建设，消防工程的智慧化自然也是城市智慧化过程中的重要一环。

据吕晴介绍，消防系统主要包括水系统（蓄水池、消防泵房、自动喷淋系统湿式报警阀等）、风系统（排烟风机、正压送风机及风管系统、防火门等）、电气控制系统（烟感器、温感器、可燃气体探测器等），各个环节之间联结紧密，由消防中心控制室统一管控。当下还无法实现整套体系的全自动无人化管理，尤其是维保维修环节，需要大量的人力投入。

未来的智慧消防将是一幅怎样的图景？吕晴认为，消防行业会与互联网深度融合，以大数据、云计算、物联网等概念为依托，实现人防与技防的有机结合。

"从小的方面来说，我们能够实时监测到水箱中水的余量与温度，避免出现突发情况下无法调用水源的困境，防患于未然；从大的方面来说，将来每一幢楼乃至整个城市的消防系统，其各个环节的实时作业数据都能上传到云端，通过控制中心统一监测调整，不仅可大大减少人力物力，还能在最大程度上确保系统的正常运作。"吕晴说，恒基目前正在储备相关技术与人才，为智慧消防的实现打好坚实的基础。

说到人才，像恒基消防这样身处传统行业，并且有深厚积淀的企业，如何吸引新生力量的加入呢？"内部采取整合资源的方式，为老员工与新生代提供更多独立管理项目、参与企业决策的机会；外部则投资了一些优质的创业项目，密切关注新兴商业模式的出现，同时鼓励内部二次创业。"吕晴说，80后、90后在想什么、做什么，是她一直关心的事，她十分愿意与新生代创业者互动交流，在提供建议的同时吸取更多新思路与新创意。

2017年1月6日

凌 超

大浪淘沙 凌厉前行

凌超其人，正如古人所言，"于清刻峻削之中，时露凌厉雄直之气"。与其对谈，更有感于其眼神之锐利，思维之深广。接触过他的人送了他一个外号，叫作"小马云"。

从19岁至今，凌超一直在创业这座山峰上不断攀登，从未停歇过。在旁人看来，他常常是爬两步，退三步，始终爬不到山顶上去，只有他自己清楚，他正在离自己真正追求的事业越来越近。

杭州轻松环98科技有限公司CEO

杭州市下城区总商会副会长

杭州市工商业联合会热委

凌 超

两年从车间工人到厂长助理
"都市的霓虹一定会属于我"

回想自己的成长经历，凌超笑称自己是个三无人员——"没背景、没资金、没学历"。17岁那年，他第一次从群山围绕的家乡踏入城镇，到一家中外合资的节能灯厂做学徒。在40摄氏度的高温天，凌超早上七点进车间干活，一个小时之后汗水就结成了盐巴，一个夏天过去，身上就长满了热疮。但初出茅庐的他对于这份工作却是无比珍惜。

勤勤恳恳地干了八个多月之后，凌超得知了工厂计划从内部选拔品管员的消息。"对于普通的车间工人来说，调到品管部负责产品检验，那真是所有人梦寐以求的事。"但是品管员只有一个名额，竞争者却众多，其中不乏比凌超学历高、背景硬的，如何才能从中脱颖而出？

"平日里，品管部的小王经常到我们车间来抽样检验，需要我们制作额外的样品，其他工人都不愿意做这种没有好处的活儿，都是我主动承担的。"凌超说。原本他没有指望会得到什么回报，只是想跟着小王多学点知识，弥补自己在专业基础上的欠缺，但令他惊喜的是，小王听说他想去参加品管部的选拔考试，便爽快地把专业书籍借给他备考，还针对疑难问题为他指点迷津。

"即便如此，技术也不是我的强项，短时间内我不可能成为专家，我必须找到自己的优势，百分之百地展现出来。"凌超的头脑非常清醒，他知道自己最擅长文字与语言表达，便提前准备了一篇文采斐然的自我介绍，还在考试当天特意换上了笔挺的西装、锃亮的皮鞋。"我坐在考场里等待开考的那一刻，心里已经有一种绝对的自信——品管员的位置一定会是我的。"结果不出凌超所料，他成功了。

如此一来，凌超越发努力地工作，与生俱来的管理才能也深受领导的赏识。到19岁的时候，他已经成为厂长助理兼车间主任，管理着600多个工人。"因为我身材比较瘦小，我刚到镇上的时候大家都叫我小鬼，渐渐地他们叫我小凌、凌超，后来都开始喊我凌师傅了。"称谓的演变过程，也是凌超通过自身努力获得尊重与认可的过程，更是他的人生格局与欲望野心同步扩张的过程。

"我记得我第一次来杭州，是厂里组织员工年底团建，我们当时就住在市中心的繁华地段。夜晚从酒店的窗户向外看，一片绚丽璀璨的夜景。"就像品管部的那场选拔一样，凌超在内心立誓——"这都市的霓虹一定会属于我"。

十年连续创业屡败屡战
"要成功只能靠真才实学"

凌超的第一次创业，是在小镇上开饭馆。饭馆的名字叫"快乐饭店"，谁料迎来的却是悲伤结局——意外遭遇伤寒病的流行，加上初次创业经营不善，不久之后就亏掉了四万元。凌超在工厂时的积蓄几乎被亏得一干二净，他感觉自己似乎又回到了原点。

那时，他想到了几年前惊鸿一瞥的大都市——杭州。他问自己："为何不去更广阔的天地闯一闯？"于是他只身来到杭州。他先进了一家化妆品直销公司，锻炼自己的沟通能力与营销能力。在接触各类客户的过程中了解市场需求后，他确定了第二次创业的项目——开办薄膜印刷厂。三年后，他发现薄膜印刷将逐渐被市场淘汰，又及时刹车转向，远赴河南，投身蓝领工人的教育培训事业。但低廉的培训费、昂贵的师资和场地成本，使公司的运营极为艰难。凌超不得已关闭了培训学校，只是这样一来又用尽了之前几年辛苦积累的资本。

但凌超的字典里没有"服输"这两个字。他卷铺盖"杀"回杭州，先后潜心经营过旅店、量贩 KTV、职业中介等，一边在市井小巷调查行业与商业机会，一边在浙江大学进修充电，系统学习商业经验与管理理念。

2009 年，凌超抓住城市发展机遇，成立了浙江兰通实业有限公司，进军商业地产行业，可以说是占领了行业先机。在杭州的东新路北段尚未开通之时，凌超就以独特的眼光着力打造东新路商业特色街，带动了周边十余万平方米的区域商业发展。

回顾反省1998年至2008年这十年的坎坷历程，凌超感触最深的是知识对人的重要性。"如果说我这样的人就像小钢炮——虽然在短时间内很有爆发力与冲击性，但是射程不远，那么真正受过高等教育的人就像火箭炮，只要给他一个发射台，就能飞到天上去。"他总结说，"一锤子买卖的时代已经过去，靠魄力、靠胆大的时代也已经过去，如今想要成功，只能靠真才实学。"

用科技与教育助力垃圾分类
"五年后唯有智者可拾珍珠"

凌超最新的一次创业，是一头扎进了环保行业。

随着我国城镇化率提高，城市规模日益扩大，垃圾围城的形势日趋严峻，近年来电商产业与外卖行业的发展更是加剧了环保隐患的凸现。据统计，杭州每天产生1万吨以上的生活垃圾，其中大量的可再生资源无法得到回收利用。2017年6月，杭州市发布《杭州市区生活垃圾处理运营体制改革指导意见(征求意见稿)》，提出进一步深化垃圾处理运营体制改革，推进生活垃圾处置市场全面开放。如今，凌超瞄准的正是垃圾分类这个利国利民的潜力行业。

与杭城垃圾分类的先行者虎哥回收不同的是，凌超采取轻模式运营，通过互联网、物联网、人工智能等先进技术提供整套垃圾分类解决方案。在杭州轻松环品科技有限公司的创意展厅内，记者亲身体验了这套智能化产品。

"社区居民可以通过手机描码的方式，从垃圾袋智能发放机中领取两种颜色的免费垃圾袋，分别盛装厨余垃圾与其他垃圾。"凌超介绍说，这些垃圾袋都是特制的，应用了公司团队自主开发的RFID技术，实现了整个取用、投放以及处理流程的实时追溯与取证监管。居民必须将垃圾正确分类，并投放到指定的智能回收箱内，才能获得相应的信用积分，否则就可能依照某种规则受到惩戒。

凌超表示，所谓的信用积分就像支付宝的芝麻信用分那样，能够产生实用价值。"我们已经开发出了口罩、雨披、矿泉水等商品的智能兑换机，它们将被放置在医院、景区等公共空间内，居民未来凭信用积分就可以免费兑换这些商品，甚至还可以用信用积分坐公交、坐地铁。"目前，少量智能兑换机已经出现在杭城各大医院以及西湖周围的景点中，用户只要扫描就能免费领取。"我们提供硬件与商品，以此为入口获取流量与数据，让第三方甘愿为之买单，最终得益的则是消费者。"

但凌超认为，技术只是助推器，垃圾分类的核心依然是"人的思维"，只有教育先行才能事半功倍。"我们计划建立武林盟公益环保发展基金会，推行杭州特色的'武林模式'。"所谓"武林模式"，具体来说就是，"武林大妈"志愿者服务队会去杭城各个社区宣传垃圾分类理念；"武林少年"则会编写寓教于乐的垃圾分类教材，对孩子们进行教育；"武林青年"将向城管、社区工作者以及地方政府领导传授专业的垃圾分类知识，从而将垃圾分类理念覆盖全年龄段的人群。

"垃圾分类并不是能够一蹴而就、一步到位的，更不是政府包办就能成功的，其本质上必然是市场化的。只有依靠自身与市场的力量实现循环可持续，才有希望长久推动国人垃圾分类意识的提升与行为的规范。"凌超预测道，五年之后，垃圾分类这场混沌的大潮就会退去，唯有智者还能坚守在海滩，挑拾真正的珍珠。

2017年9月29日

史 正

民族制造业
需要年轻人继承和发扬

杭州中亚机械股份有限公司总经理　杭州市拱墅区工商业联合会副主席　史 正

如果说史中伟把中亚机械从一个手工作坊，打造成了国内包装设备制造业的龙头企业，那么他的儿子史正，则让企业顺利地完成了上市的进程，并把业务拓展到了行业全领域。

和现在很多新生代企业家还在接班的路上蹒跚学步有所不同，史正在五年前就稳稳地接过了父亲手里的枪。这不仅是因为父亲对他的业务能力充分信任，也源于他内心的一种使命感。

"父亲为这个企业投入了那么多心血，中国的制造业也需要年轻人去继承和发扬，接手中亚并把它继续做大做强，对我来说既是理所应当，又是责任所在。"史正说。

"几乎干遍企业所有基层岗位"

史正属于新生代企业家中，"出道"比较早的一批人。1978年出生的他，已经在自家的企业里待了十七八年。"我学的是管理专业。1998年我20岁那年从学校一毕业，就进入中亚机械工作了。"史正说，那时候公司的规模还很小，刚参加工作时他也没有任何"接班"之类的想法，只是希望早点接触社会，感受一下行业的气氛。

进入中亚之初，史正发现学校里学的东西很少能派上用场，因此他只能干点寄信、复印、发传真、分发文件之类的杂活。做了一段时间后，他又被分配到了采购部门，负责购买原材料。再后来，他又辗转了销售、企划等多个部门。

"开始的七八年里，除了车间一线工人的活和财务没有接触过，公司其他岗位我基本上干遍了。"

史正说，现在回忆起这段"基层工作"的经历，他觉得对他来说是非常宝贵的人生经验："我们这个行业门槛其实挺高的，技术专业性比较强，本身在国内也不是热门行业，没有专门的科研院所，大学里面开设的学科也很少。接触行业早些，可以通过实践的积累，对行业了解得更深一点。"

他认为，随着对企业成长过程的参与度越来越高，他对整个企业的了解也越来越深——从产品到市场，从技术到管理。而这些，成了他日后踏上管理岗位的一种优势。"门槛高，就需要花费更多的时间，去深入了解。我曾经也有过去国外留学的机会，但因为种种原因没去成，现在想来，如果出去几年再回来，少了深入企业的时间，再要沉下去，可能会有点难。"

"接班对我来说是一种使命"

2010年，史正作为史中伟的副手，在常务副总经理的职位上已经干得得心应手了。有一天，史中伟突然对史正说，有一些重要的事情想和他谈谈。

"你愿不愿意在包装设备这个行业干下去？"史中伟问道。史正愣了一下，并没有马上接话。史中伟又紧接着说："制造行业是非常辛苦的，没日没夜，又不风光，未来的前景也很难说……"

"他这么说，我就已经明白是什么用意了。"史正说，父亲年纪大了，他在征询儿子的意见，愿不愿意接手中亚，把这份事业继续干下去。而此前的十多年中，虽然每天在公司里朝夕相处，但史中伟从来没有和他深入交流过"接班"的问题。

"从小到大，他很少会把自己的想法强加到我头上。我知道之前他一直不提，也是怕年轻人吃不了制造业这个苦，耐不住这个性子。他要等我自己在企业、行业中经历过、摸索过、体会过了，然后自己做选择。"

史正事后猜测，那次谈话，如果他表示不愿意接手中亚，那么史中伟可能会考虑收缩产业，或者做出转型，甚至可能在适当的时候退出这个行业。

他向父亲坦诚地说出了自己的想法："我们做的这个装备，以前国内是没有的。我们通过努力把它做了出来，就代表了一个行业，一个民族。虽然过程很辛苦，但是在产品做出来之后，得到的满足感和成就感也是无可比拟的。这件事情对于国家来说是有意义的，也是非常值得回味的，我们应该继续做下去。"

史正说，实际上，随着自己在企业里待到了一定的年头，不用父亲多说，他身上自然而然地已经产生使命感："他为企业投入了那么多心血，我有什么理由不去继承发扬呢？"

不久之后，史正被任命为中亚机械总经理，全面负责公司日常运营。而史中伟则转到了幕后，专注于技术保障和投资。

"上市才能为企业带来更多可能"

成为中亚机械总经理不久，史正就开始进行推动企业上市的准备工作。

2010年时，中亚机械虽然在行业内已经有了不小的规模和影响力，但是考虑到未来的长久发展，企业需要通过资本市场获得更多市场、资金、品牌的支持。

史正说，上市的困难度远超最初的想象。开始他们预计1到2年时间就能走完所有程序，最后竟整整耗费了近6年，直到2016年5月，中亚机械才在深市创业板成功IPO。

经历了这个过程，史正认为，他自身的管理能力、业务能力也有了极大的提升："以前我完全不懂金融和财务，看财务报表就像在看天书。但为了上市，只能逼迫自己一点点去学习和了解。"

他也坦言，掌舵整个企业之后，要管的东西比以前多得多，但也让自己成长得更快。"作为管理者，要去做决策，要挑担子，这时候你会有一种压力。面临的问题越多越大，越考验你的抗压能力。刚刚进公司的时候，看看这也不行那也不行，这是问题那也是问题，但是随着自身的成长，看问题就有了全局观、包容性。"

"经济不好时也有好的行业和企业"

掌舵中亚后，史正主导的另一个重大变化是进一步拓展了中亚的业务。"原先我们包装设备产品主要面向乳制品行业，而现在，我们进一步向医药、油脂、日化、调味品行业等领域去拓展。"

"我们在乳制品行业的市场占有率已经达到50%以上，但在那些新进入的领域，我们还只是小弟弟。"他也坦承，要在新的领域建立行业的知名度，难度不亚于再建一个中亚。不过，他们并没有被这些困难吓倒。

"我们在技术上的积淀还是很深厚的。我们的技术和生产设备在国内是处于领先的，在国际上，也接近一流水准，在很多领域和国际巨头处于同一水平线上，因此我们有这个自信实现弯道超车。"

史正说，通过几年的开疆拓土，他们在新业务上已经取得不错的进展，比如在日化行业，他们成为联合利华的供应商。"这是联合利华在国内第一次使用中国制造的高速灌装设备。"

"随着国家一带一路政策的推进，我们开拓海外市场的脚步也在加快。公司早期对海外市场培育的效果这几年正在显现，比如东南亚、俄罗斯等市场的需求量在慢慢激发，预计最终海外市场的销售会超过国内市场。"史正自信地表示。

对于目前整个经济大势趋缓和制造业的整体低迷，坚持制造业是否还有机会的预判，史正认为要分行业来看："经济在不景气的时候也有好的行业和企业，这就要看你产业的选择，产品研发技术的储备，对市场的定位和对发展方向的把握。六七年前，我们就储备了很多智能化包装设备技术，机器换人技术，现在赶上了智能制造和工业4.0这一波，未来10年的市场前景都非常不错。"

史正认为，中亚机械所面对客户的市场需求量还是在不断增长的。"中国的包装更新换代非常快。包装要更新，设备就要更换。只要一直坚持下去，发展的空间还是非常大的。"

2017年1月4日

孔爱祥

跟潮水赛跑
抢抓"潮头鱼"

2017年9月8日早上9点25分，深交所传出一阵厚重而悠远的钟声，兆丰股份正式登陆创业板。浙江兆丰机电股份有限公司董事长孔爱祥的脸上绽开了由衷的笑容。

"我从小在钱塘江边长大，最喜欢看人们抓潮头鱼。潮水一涌来，许多鱼在潮头跳跃，这个时候，渔民们就光着身子跟着潮水奔跑，谁比别人跑得快谁就能抢到潮头鱼。这不仅考验勇气，更考验技能和智慧。"孔爱祥把自己比作一个抢抓潮头鱼的渔夫，他在现场的一席演讲饱含深情。

20年前，孔爱祥带着几十号人成立兆丰，与所有怀揣汽车梦的创业者一样，在几乎被西方垄断的轮毂轴承行业开始了夹缝中的前行，靠的是勇气；如今，他将兆丰打造成了国内轮毂轴承制造领域的领军企业，产值和利税已是当初创业时的1000倍，靠的是技术创新的智慧。

儿时向往的那条"潮头鱼"，他抓到了。

孔爱祥
浙江兆丰机电股份有限公司董事长
杭州市萧山区工商业联合会副主席
杭州市工商业联合会常委

经历过一次盲目创业
他学会了理性与谨慎

回想起创业的起点，孔爱祥不久前在接受媒体采访时提到，"觉得自己好像是命中注定要进入这个行业"。实际上，在创立兆丰之前，他曾有一段失败的创业经历，这段经历足以让他明白一个道理——盲目是勇气的源泉，但也是失败的诱因。

1995年，孔爱祥下狠心从集体企业辞职，下海试水，一个偶然的机会，他遇到了一位来自意大利的客商托马斯。意大利的建筑之美可谓世界闻名，在意大利从事建筑行业的托马斯声称他手上有一种特殊的贴砖料，可替代传统的水泥砂浆。由于语言不通，加上对建筑行业了解不多，孔爱祥对这种贴砖料的市场前景深信不疑。在没有看到产品的情况下，他就投入了大量的资金找土地、建厂房，并与托马斯共同注册了一家中外合资企业。

"结果我发现，他所谓的特殊配方就是在普通的水泥砂浆中加入一种黏合剂，仍然需要混凝土搅拌机进行加工；虽然黏合力度确实有所增强，但价格太高，这在当时的市场环境下根本就是不接地气的。"在看到产品的那一刻，孔爱祥心里"咯噔"了一下，但还是硬着头皮经营了一年时间，最终痛下决心喊停止损。"托马斯是出于对我的信任，才与我合伙做企业，我应该为我的轻率承担更多责任，所以我把厂房与设备都买下来，尽量减少他的损失。"

经历过这样一次盲目的创业，孔爱祥学会了理性与谨慎。经过充分的市场调研，他发现汽车在中国刚刚兴起，渐呈星火燎原之势。"一辆汽车就有一万多个零部件，未来汽车零部件一定是个巨大的市场。"那具体做什么呢？"轴承是每天都得消耗的，需求量肯定比一般的零部件大得多。"如此一想，他便一头扎进了轮毂轴承行业。

作为一个十足的外行，孔爱祥吃了不少苦头。"我刚融到第一笔资金，买到设备的时候，我连轴承的内径、外径都搞不清楚，专业技术用语一个都听不懂。"更让他头疼的是，轮毂轴承的确如他所想属于消耗品，但这也意味着它需要时时经受自然环境的考验，技术难度更高。

但只要大方向没有错，孔爱祥便不愿服输。他与团队没日没夜地泡在车间里，每天早晨六点钟上班，晚上十二点钟下班，坚持了两年多时间。"两年之后，我再跟杭州轴承实验研究中心的专家聊技术，他们都以为我是科班出身，说我已经是专家中的专家了。"

踩准节拍抓到"潮头鱼"
持续创新助他踏浪而上

从当初的一幢小楼到今天的三大厂区，从几十名员工到今天近800人，孔爱祥带领兆丰走过了20个春秋。如今兆丰拥有近1800种产品型号，已经成为通用、SKF、辉门等全球30多个国家和地区的著名品牌企业的供应商，去年的销售额高达5亿多元，扣除非经常性损益后净利润1.8亿元。但孔爱祥依然感激兆丰的第一位客户。

"我记得很清楚，我们的第一个客户是杭州汽配市场。当时我们从买设备到生产，只花了三个月时间，整个过程堪称行业中的奇迹。卖出去的第一个产品，是桑塔纳的后轮轴承，型号是11749与45449。"孔爱祥回忆说，"客户把桑塔纳车开到我们厂里来试装。那个时候高速公路还很窄，我们装上自己的产品，小心翼翼地开40码、50码、60码，一直开到120码。停下来以后，很忐忑地去检验轮子，一边是原装的，一边是我们的产品，发觉两边几乎是一样的时候，那种在胸腔里膨胀开来的喜悦此生难忘。"当时国内汽车零部件市场尚处于供不应求的状态，兆丰的产品不仅品质过硬，价格也只有同类产品的十分之一，马上打破了国外产品的垄断。

如果说孔爱祥在创业之初踩准了节拍，乘着呼啸而来的滔滔巨浪抓到了那条"潮头鱼"，难免有运气的成分，那么兆丰成立至今，一直保持每年两位数以上的营收增长，在整个行业低迷之际仍然逆势成长，就要归结为绝对实力了。他表示，创新是推动兆丰前行的发电机，为兆丰输入了源源不断的动力。

在一系列的技术创新、管理创新以及商业模式创新实践中，最让孔爱祥自豪的莫过于兆丰的机器人生产线——它不仅是汽车零部件行业内最早应用机械手的生产线，也是兆丰自家的研究院技术攻关的成果。"虽然生产线上的机械手和关键零部件基本都是进口的，但是决定它智慧程度的'大脑'是我们自己研发完成的。也正因为如此，这套原本售价 1 亿元的设备，我们只花了 3000 万元。"

孔爱祥透露，这条生产线从设计到成功投产经历了四年的探索，至今已建成投产 6 条机器人生产线，其价值主要体现在三个方面："首先是提升了生产效率，因为机器是没有情绪的，它不会疲劳，能够长时间保持绝对精准，通过自动检测保证产品品质；第二是降低了人力成本，至少省下了 300 个工人；最重要的一点是整个团队的智能制造理念得到了深化，而攻克技术的过程也是培养人才、积累智慧的过程，企业因此培养出了一大批智能制造领域的工匠型人才。"

上市是创新的新起点
跻身世界轮毂轴承制造业前十强

"中国制造业，我认为有两句话可以总结：中低端大量过剩，中高端做不出来。"作为浙江省智能制造专家委员会的首批成员，孔爱祥对于制造业的转型升级有独到的见解。"企业的智能化改造不一定要是全球最先进的，但一定得是最适合自己的。"

"创新必须建立在科学衡量自身能力的基础上，在当前的市场环境下，大多数行业并不适合进入工业 4.0 阶段，其所花费的成本与实现的效果不成正比，2.5 — 3.0 已经是非常不错的智能化水平。"同时他也认为，创新不一定要完全原创，集成创新也是一种原创，"比如兆丰的生产线只有'大脑'是我们自己做的，其他硬件由专业厂商生产，我们则选择性价比最高的方案进行装配组合，以达到最佳效果。"

如今兆丰正式进军资本市场，孔爱祥表示，这会成为创新的新起点。原本兆丰一直定位于国外售后市场高端品牌，但接下来会从售后向前端延伸，与世界知名的汽车厂商合作，探索新的 OEM 模式。三年前，兆丰提出了"30万公里寿命、10年质保"的概念，正是希望能让市场、客户相信，兆丰的品质能够达到配套 OE 的水准。同时，兆丰还计划在坚守主业的基础上，试水新能源电动车行业。

在采访当天，孔爱祥给全体员工开了一个会，他在会上不断强调："上市之后，我们不再是一家普通的民营企业，而是一家公众企业，需要对股民与投资者负责，这种理念必须贯彻到我们的行动中去。"他像宣誓一般地表示，募集的每一分钱都要使之产生价值，回报社会。

孔爱祥的心中有清晰的短期规划，也有坚定的长远梦想："未来三年，兆丰传统业务的销售额每年得确保提升 20%；五年内，抢占全球汽车主机市场占有率，从单纯的产品制造商逐步转向能提供技术解决方案的服务商；我们的最终目标是成为标杆型的制造业企业，跻身世界轮毂轴承制造业前十强！"

2017年9月22日

沈张先

搭乘高铁发展的企业"复兴号"

杭州华利实业集团有限公司董事长

杭州市萧山区总商会副会长

杭州市工商业联合会常委

沈张先

2017年6月26日11时05分，"复兴号"高铁在京沪高铁两端的北京南站和上海虹桥站双向发车成功。作为中国铁路总公司牵头组织研制、具有完全自主知识产权、达到世界先进水平的新一代高速列车，"复兴号"集成了大量现代高新技术，在安全性、经济性、舒适性、节能环保等方面表现出世界一流的卓越品质。这当中，杭州华利实业集团有限公司参与制作了"复兴号"的座椅椅套。

"你去看'复兴号'椅背后面都有'华利'两个字。"杭州华利实业集团有限公司董事长沈张先自豪地说，"现在飞驰在全国各地的高铁动车组绝大多数的座椅套背后都有我们华利的商标。"

从1982年4月以3000元开办萧山民新服装厂到现在，35年过去了，杭州华利实业集团有限公司已发展成为集高铁椅套、列车卧具、纺织服装、家纺绣品及房地产投资于一体的综合集团型企业。

从个体裁缝到创办服装厂
一路赶上了传统服装行业的春天

把时光推回 35 年前。当时弱冠之年的沈张先还是一个裁缝，凭着"尺子三把、画粉一块、缝纫机一台"吃手艺饭，但他硬是靠着自己的双手和智慧，闯出了一片大天地。"我这一路走来的确遇到过很多困难，但从没放弃，都是一步一个脚印，每一步都走得踏实，每一次转型都迈得坚定。"这是他的总结。

1982 年 4 月，沈张先筹集 3000 元创办了萧山民新服装厂。如果当年沈张先固步于做一个自立门户的裁缝，可能就没有今天的华利集团了。

创办服装厂，沈张先坚定地走出了创业的第一步。也正是因为沈张先是裁缝出身，和别的工厂负责人不同，他对民新服装厂就多了一份发言权和把控力。"最早的时候我们卖的是全毛中山装，颜色、款式和布料都是我自己选定的。"这令他们厂里的拳头产品"全毛中山装"卖到脱销。"那时候杭州人结婚，新郎都要穿全羊毛中山装的，那些中山装七成都是我们厂里做的。"

之后，民新服装厂的服装品类越做越多，从全毛中山装到皮夹克，从大型国企工装制服到自营出口休闲服饰，一路都赶上了传统服装行业的春天。沈张先说："我做服装做了 28 年。做服装一定要比别人做得好，款式求新，面料也要赶潮流，市场喜欢什么，我们就做什么。"

一次江西考察之旅
碰撞出列车卧具这个大市场

"机会总是留给有准备的人，机遇也总是垂青勤奋智慧的实干家。"1998 年，沈张先成立了华利实业有限公司。2000 年春天，沈张先去江西考察公司的布料供货商，正是那一次考察，开启了华利实业一个全新的发展方向。

那次去江西，机缘巧合下，他认识了一位南昌铁路局的工作人员，当时大家交换了名片。回到杭州后，沈张先继续干着自己的服装产业。

大约三个月后的一个下午，沈张先接到了南昌铁路局那位朋友的电话。"当时，他们说想做一批列车上的座椅套，要来绍兴轻纺城看面料，正好也想来我公司看看。"于是，沈张先接待了来自南昌铁路局的朋友。他们在参观了华利的车间，看了沈张先对服装面料和工艺精益求精的追求之后，就推荐他去南昌铁路局参加列车卧具备品的竞标。"当时南昌铁路局的领导就问我想不想做铁路的产品，我和他们说如果你们信得过我，那我试试看。"

虽然当时沈张先对列车卧具备品并不了解，但他凭借 20 多年的服装制作经验和对各类面料的熟悉程度，加上华利公司本身强大的技术团队和独到的设计理念，由沈张先亲自主持设计的列车卧具在南昌铁路局首次亮相就一鸣惊人。"当时由我设计卧具的 147 次和 148 次列车开到北京西站的时候，铁道部的领导都赞这套卧具漂亮。无论材质还是颜色搭配他们都非常满意。"这套卧具不仅让南昌铁路局拿到了红旗列车的殊荣，也意外地打响了华利公司进入铁路卧具市场的第一枪。

此后，随着我国铁路事业的迅猛发展，特别是自 2007 年以来的数次列车大提速，华利公司赢得了广阔的产业平台。华利在生产外销服装和内销各式制服的同时，在列车卧具备品领域也取得了瞩目的业绩。全路 18 个铁路局，华利与其中 17 个铁路局的 30 多个客运段建立了长期友好的合作关系，成为全路普速列车卧具备品领域市场的龙头企业。

高铁动车组时代
自购原装高铁座椅测试产品

2008 年，中国高铁横空出世，这个全球铁路线最长的国家真正迈入了高铁时代。沈张先和他的华利集团也从普速列车发展到高铁时代，速度从未止步，创新不曾停歇。

2010年，华利又迎来了一次跨越式的发展机遇。当时铁道部决定要给动车组加做座椅套，上海铁路局和北京铁路局联合推荐了华利，使之成为铁道部动车组椅套试点企业。

高铁动车组的座椅是根据人体力学原理设计的，最大限度地考虑了乘坐的舒适性，座椅上设有很多功能和附属元件，这就对椅套的设计制作提出了更高的要求和更大的挑战。为此，华利公司投入数百万元进行技术攻关。一方面他们花费几十万元购入原装高铁动车组座椅，按原型1∶1制作高铁动车展示厅，在模型车厢内进行了不下百次的测试和改进。在重点解决各类技术难题后，终于形成了生产各车型高铁动车组座椅套的高标准的工艺要求。另一方面，由于铁道部对高铁动车组座椅套面料在安全性、适用性、耐用性、环保性等方面要求严格，华利根据铁道部制定的一系列国标和铁标的技术标准，对高铁动车组的座椅套面料进行自主研发，整个工艺路线所采用的材料符合欧盟的RICH法规要求，采用德国进口织机进行生产；同时华利还组建了针对高铁动车组面料的专门实验室，配备各类先进的面料检测设备。多方面充分的应对，令华利所研发面料的各项技术指标全部通过了铁道部科学研究院的检测。

这个研发过程当中巨大的投入与不厌其烦的测试、改进，充分反映了沈张先做事的个性与原则：要做就做到最好。

不断研发新材料
微信端创新管理座椅套

作为杭商，不仅对商机有着天生的敏感，更能抓住机会举一反三，发挥最大的价值。作为中车集团供应商的杭州华利实业集团有限公司，除了生产供应座椅套，还对高铁动车组座椅套提供售后拆、装、洗一条龙服务，并在所服务路局辖区内设有座椅套售后服务站点，极大地提高了高铁动车组椅套的保洁质量。此举也令华利成了全路独一无二的集高铁动车组面料研发、产品设计制作、售后保洁服务一条龙创新服务的典范。

"这个看似很普通的卧具，很普通的座椅套，对我们来说却是在不断创新的，比如不断地开发新材料。接下来座椅套将会用上阻燃的面料。我们也在做'互联网＋'的尝试，用微信端来维护和管理座椅套，定期保养，定期更换。"

这个座椅套微信后台管理系统，是沈张先接下来要推进的工作重点。结合高铁座椅套一到两年进行更换的需求，这套系统可以在后台实时监控每一个座椅套的情况，损坏或弄脏都可以实时反馈到华利的后台系统。

有人问沈张先成功的生意经是什么，他说自己就是一个搞实体的人，"诚信＋坚持"就是他的生意经。虽然互联网时代变化飞快，高铁的速度也是一骑绝尘，但是他一直专注于他的"尺子三把，画粉一块"。他说："虽然华利的主业从服装转到了高铁动车的座椅套，但是我自己一直没有离开纺织品老本行。"

"一带一路"让中国的高铁与华利牌座椅套走向了世界。在这个环球高铁时代，沈张先一直搭载在企业发展的"复兴号"上……

2017年7月20日

赵晋安

水善利万物而不争

青年时代的赵晋安，一直在一条奔腾呼啸的大河中逆流而上。他是个英勇的水手，用他不屈的信念驯服命运掀起的滚滚巨浪。

如今他华发已半白，乘一叶扁舟泛于河上，大可从流漂荡，任意东西。但你依然能从他的眼底窥见那种蓬勃的斗志与年轻的活力。

古人云，上善若水，水善利万物而不争，处众人之所恶，故几于道。身处困境时笑对人生，身处顺境时不骄不躁，可以称之为真正的智者。

杭州市富阳区总商会副会长
浙江晋安家电有限公司董事长

赵晋安

天将降大任于斯人也
必先苦其心志劳其筋骨

赵晋安出生刚满八个月时，因为一次高烧没有得到及时的治疗，双腿失去了基本的生理功能。当村子里的其他孩子在村口玩耍嬉戏时，他却只能摇摇晃晃地蹒跚而行，还常常摔倒在地，被一群人围起来嗤笑、起哄。

"在我七岁前，母亲每天背我去三里外的卫生院打针，几年如一日。有一天母亲把我背回家，我为她泡脚的时候发现她的双脚都红肿了。"这一幕在儿时的赵晋安心中扎下了一根刺，让他开始奋起反抗命运。他尝试让自己站起来，无数次摔倒，又无数次爬起。在他十岁那年，奇迹终于发生了，尽管依然无法像正常人那样行走，但他已经能够站起来，摔跤的次数明显减少了。"母亲搂着我落泪了，但我知道那泪水中有幸福，也有对未来的忧虑。"

就这样，赵晋安终于能够自己走着去上学了。天生聪颖，加上后天勤奋，赵晋安的成绩十分优异，中考稳稳地超过了省重点高中富阳中学的分数线。对于一个残疾的农村孩子来说，唯一的希望就是通过读书改变人生。当家人陪着他去高中报到时，却无比遗憾地被富阳中学拒绝了——重点中学需要体检，不收残疾学生。这样的打击对于赵晋安来说实在是太沉重了，他在家不吃不喝躺了三天，感觉整个世界都是灰暗的。"但我不信，难道不读书就没有出路了？"

常言道，上帝关上了一扇门，一定会为你开启另一扇窗。赵晋安的父亲决定送他去学一门手艺，给钟表维修的老师傅当学徒。谁知他悟性极高，不到五个月就出师了。"那段时间我常常学习实践到半夜，累得趴在工作台上就睡着了。深夜里我一从睡梦中惊醒过来，就揉一揉通红的眼睛，喝杯冷水继续钻研。"

之后，赵晋安便开始在供销社门口摆摊维修钟表。那时候手表是家里的大件，坏了一定会找人修理，由于他的手艺很好，生意十分红火。"当时在工厂里干活的工资大概是一天1.2元钱，我就给自己立下规矩，只要一天能赚够1.2元钱，就给客户免费修理。"这样日积月累四年之后，赵晋安赚到了人生的第一桶金，更是收获了乡里乡亲的信任与口碑，为日后做家电零售积累了群众基础。

既以为人己愈有
既以与人己愈多

从钟表维修到无线电维修，再到自己组装卖出第一台价值285块钱的黑白电视机，赵晋安的家电生意越做越大，于2000年正式创立了"晋安家电"。

"在我的客户中，有许多人从购买第一台黑白电视机开始，几乎所有的家电都是从'晋安'购买的。他们不光自己购买，还主动向亲戚朋友推荐我们。"与维修钟表的策略相同，赵晋安经营家电企业的核心理念是得到老百姓的认可。"有一个年纪比较大的客户，他喜欢把电视频道按照一定的顺序排列，但是遥控器上有个自动调台，他一按频道顺序就会发生变化，这时候他会打电话向我求助。他家住在六楼，还有几次是晚上十点以后，虽然我的腿脚不便，但是我都会马上赶过去。到第九次上门的时候，他特别感动，从此就把我当朋友甚至儿子来看待。他全家人到现在都在我这里买家电。"

这颗对待客户的真诚之心，从赵晋安身上传递给了晋安家电的几百个员工，他们深深扎根乡镇，坚持为每一个乡亲贴心专业地上门服务，从而助力晋安家电稳稳立足本地市场。赵晋安笑称这种做法是"农民的土办法"，"看上去很笨但很有效，不走捷径，踏踏实实地去做"。

外行人可能想不到，晋安家电占据了富阳家电市场份额的70%。即使有国美、苏宁这样的家电巨头先后进驻富阳，也没有给晋安家电造成任何威胁。"我们对自己经营的家电有清晰的定位，聚焦三级市场拿到最优惠的价格，同时把劣质低价产品挡在门外。"

2008年，为了应对家电市场的风险，快速实现企业做强做大的目标，晋安家电在省内的杭州、金华、绍兴等地区进行了拓展。经过几年的市场开拓，晋安家电已经发展成为浙江知名的集销售、批发、代理、连锁经营、品牌经营为一体的现代化本土家电企业。

"世界永远在变，我们必须以变制变。"赵晋安说，公司每年9月都会召开一个战略讨论会，总结过去的经验，针对当前的市场动态制定下一阶段的发展方向与策略。"比如2012年，我们预测家电下乡、以旧换新的政策会对我们产生影响，因此提前调整了企业的内部架构，缩减管理层，扩大销售与服务团队，幸运地度过了家电行业的寒冬。"

针对当下消费升级的大趋势，赵晋安又产生了新的思考："我们计划建立一个主打未来概念的高端智能家电展厅，专门为高端客户提供家电设计、定制、安装和售后维保等一系列服务，让他们得到极致的消费体验。"

君子博学而日参省乎己
则知明而行无过矣

走进赵晋安的办公室，你会发现他的书桌看上去并不属于一位企业家，倒更像是文人的书桌。《论语》《大学》《古文观止》《传习录》等国学著作整齐地堆放其上，纸页已微微泛黄，可见主人常常手不释卷。

"大学之道，在明明德，在亲民，在止于至善。知止而后有定，定而后能静，静而后能安，安而后能虑，虑而后能得……物格而后知至，知至而后意诚，意诚而后心正，心正而后身修，身修而后家齐，家齐而后国治，国治而后天下平。"谈起国学，赵晋安显得兴致勃勃，随口就朗诵出了《大学》中的经典段落。

《大学》的宗旨在于弘扬光明正大的品德，在于使人弃旧图新。只有明确自己的目标才能志向坚定，志向坚定才能不骄不躁、思虑周全。"赵晋安解释道，经营企业也如古语中所说，首先必须学会做人，尤其是讲求诚信，接下来就需要明确企业发展的起点与终点，不断在原来的基础上突破创新，稳步前进。

由于赵晋安常常将自己在国学中获得的感悟分享给企业员工，不经意间就在企业中带起了一股学习风潮，形成了员工自发学习的氛围。让国学影响员工，影响员工的孩子，影响员工的家庭——他谦逊地笑称，在企业里有许多员工都比他更精通国学。

"物格而后知至"，是赵晋安对万事万物保有的好奇心，是他攻坚克难的钻研精神；"夫唯不争，故天下莫能与之争"，是他对待客户的不计得失，是他从商数十年的生意经。从经营企业到为人处事，赵晋安都深受国学的影响。他说："古人留下的财富是非常宝贵的，所有解决问题的方法都在书里，只等你自行去理解，去探索。"

老子曰：不自见，故明；不自是，故彰；不自伐，故有功；不自矜，故长。当旁人惊叹于赵晋安超乎寻常的国学素养时，他只轻描淡写地说了一句："书读得越多，越觉得自己无知。"

2017年8月22日

项建平

技术型老总的"懒人经"

杭州市工商业联合会常委
杭州市建德市工商业联合会副主席
杭州稳健钙业有限公司总经理

项建平

采访杭州稳健钙业有限公司总经理项建平的那天，是个晴朗的秋日，午后的暖阳有些让人犯困。项建平穿着一身蓝色的工作服，找了个最舒服的姿势靠在座椅上，开始了与记者的对话。

"我这个人很懒的，本来就不爱多说话，看到你们记者就紧张，更不想说话。"这是他的开场白，有些让人哭笑不得。听到记者说"咱们就唠唠家常呗"，项建平这才慢慢打开了话匣，但"我这个人很懒"时常被他挂在嘴边，流露出一种游戏人间的幽默感。

话虽如此，项建平所谓的"懒"绝不是一般人想象中的好吃懒做，而是在实干基础上的巧干，是在信任基础上的放手，是大军压阵时的谈笑风生，是凯旋后的宠辱不惊。

做一个"首啃螃蟹的人"
与阿里巴巴同年触网做电商

今年，已经是项建平与石头打交道的第35个年头。按照他的说法，一个人若是打定了主意，一辈子只干一件事，哪里还有做不好的道理？

1983年，高中毕业的项建平考上了建德市大同水泥厂的化验员岗位，被厂里送到浙江大学硅酸盐专业进修。一年之后，项建平回到厂里，专业程度已无人能及，很快就凭借精湛的配方技术，一路晋升为主管工艺的副厂长。在20世纪90年代末的乡镇、集体企业改制浪潮中，他接手了当地的一家碳酸钙企业——建德市大同福利轻工助剂厂，走上了与石头斗智斗勇又相濡以沫的创业之路。

项建平所在的浙江省建德市，是全国知名的石灰石产业基地，当时就已涌现出一大批倚赖当地石灰石资源的碳酸钙生产企业。"将石灰石加工成碳酸钙，附加值低，除了压低价格之外，产品没有其他竞争力。"他很早就意识到，低端产品的市场只会越做越窄，只有研发出高端产品，路才会越走越宽。

1999年，项建平率领该厂的产品研发小组，与浙江大学化学系合作研发出了高纯度、高品质的氢氧化钙产品，产品的技术难度与品质都做到了国内顶尖水平。令他始料未及的是，品质的上升自然也意味着价格的上调，但普通的氢氧化钙就能满足国内下游厂商的需求，他们对这款高端产品并不感冒。正当他为新产品的销路犯愁时，中国化工网的销售人员主动找上了他，邀请他作为第一批商家入驻平台，通过互联网开拓国际市场。

众所周知，那一年马云与后来被称为18罗汉的团队刚刚回到杭州，凑够50万元人民币，开发出了阿里巴巴网站。互联网大鳄尚在默默蛰伏，电子商务尚未成为街头巷尾热议的话题。对互联网早有耳闻的项建平，却提前预感到了机会的降临。不是谁都敢做"第一个吃螃蟹的人"，他却笑称自己"只是因为懒得到处跑业务"。

2000年下半年，项建平开通了中国化工网的账号。当年年底，该厂出口了26吨高纯度的氢氧化钙产品。到了第二年，工厂与意大利最大的硬脂酸盐供应商——发基公司合作，实现了400多万元销售额。互联网不仅为大同福利轻工助剂厂货通全球架起了一座桥梁，将产品销往韩国、日本、泰国、美国乃至南非，也让项建平找到了值得信任的战略合作伙伴，与一家澳大利亚企业合资组建了杭州稳健钙业有限公司。如今，企业80%的销售额都在电商平台达成。

做一个"专业的出题人"
坚持技术创新　只做高端产品

杭州稳健钙业有限公司每个员工的手上，都有一本厚厚的全年工作计划。上面不仅规定了各款产品的工艺标准、成本控制标准、市场价格与销售计划，还写明了新产品研发方向、专利与项目申报名目、具体的负责人与奖惩制度，甚至对食堂这样的后勤服务都提出了明确、细致的要求。每到年末，项建平就会开始编写这本工作计划，保证事无巨细均有据可依。

"你不能指望员工帮你把事情都办好，自己高枕无忧；你得做一个专业的出题人，把准方向，把标准定下来，再让他们去答题。"身为一个技术型企业家，项建平一直将企业的技术创新作为重中之重，根据市场需求持续研发新产品。

在过去的20年里，他带领技术团队攻坚克难，先后完成了9项省级新产品研发，拥有2项国家发明专利、9项实用新型专利，其中乳状氢氧化钙产品填补了国内空白。受国家标准化委员会委托，稳健钙业主持起草了氢氧化钙、氧化钙的行业与国家标准，公司也被认定为国家高新技术企业和省级高新技术企业研发中心、建德市重点工业企业，连续十年被评选为建德市纳税大户。

作为建德市连续四届的人大代表，项建平还专门针对企业的科技创新与机制创新提交建议，将宝贵的实践经验无私地分享给同行们，以此推动整个行业的创新发展。

许多客户都会说，稳健的产品是好，但是价格太高了。项建平从不以为恼，反以为豪。即使企业的生产力已经从 2006 年的 3 万吨产量扩展到了如今的 27 万吨，他每年依然只生产 14 万吨产品供给高端客户，坚持把剩余的大部分精力花在新产品的研发上，将视线放得更远、更高，将产品做得更精、更专。

做一个有社会责任感的人
雪白的厂区草坪变绿了

五年前，你若走进建德大大小小的碳酸钙、氢氧化钙工厂，你会发现厂区的草坪上都是雪白一片。但如今走进稳健钙业，从项建平的办公室望出去，厂区已经可以称得上是"草色入帘青"。自 2014 年起，项建平就在工厂内引进了煅烧窑布袋除尘技术，从根本上解决了煅烧窑的粉尘排放问题，极大地改善了员工的作业环境。

"用于除尘的布袋可不是我们生活中常用的布袋，它经过特殊设计，能够高效过滤粉尘，成本比普通的水除尘方式高出三倍。"作为建德市第一家采用煅烧窑布袋除尘技术的厂家，稳健钙业为整个行业树立了标杆，引导越来越多的企业重视生产安全问题，承担起环境保护的社会责任。

每天早上 7 点多，项建平都会准时出现在厂房车间，亲自把关审查安全生产方面的细节。正如他据说："哪里都可以偷懒，就是安全问题不能马虎，这是关乎人命的大事。"

除了煅烧环节产生的粉尘污染，他还在探索如何控制装卸过程中的粉尘扩散。"如果采用传统的包装袋，粉尘极易扩散，所以我们尝试用集装箱作为产品载体，通过管道输送进行填充，保证其密封性。但由于集装箱内存在大量气体，最终的装载量远远未达到集装箱的最大容量。"项建平说，这样的问题需要与包装行业共同来攻克，希望未来能有包装企业提供合理的解决方案。

采访结束后，项建平热情地带记者一行去观赏了大同镇"稻香小镇"。他对家乡的物产如数家珍，比介绍自家企业还要兴致盎然。"我就说我很懒的，对这些吃喝玩乐更感兴趣。"在落日的余晖下，空旷的麦田里，他的笑声显得格外爽朗。

2017年11月24日

徐竹清
以己之力让更多人成就自我

　　古人言，天将降大任于斯人也，必先苦其心志，劳其筋骨，饿其体肤，空乏其身，行拂乱其所为。这对于青年时期的徐竹清来说，是毫不夸张的真实写照。

　　经历过普通人不曾遭遇的坎坷落魄，品尝过常人难以想象的大悲大喜，那段无数次跌倒再爬起来的岁月，让徐竹清的人生变得更有韧性，也更有厚度。

　　"做企业最根本的不是成就个人，而是搭建平台让更多人成就自我。"徐竹清说，他一辈子感恩那些在他潦倒失意时拉他一把的双手，希望自己的力量也能帮助有梦的人迈出创业路上的第一步。

杭州市建德市工商业联合会副主席　杭州福斯特药业有限公司董事长　徐竹清

苦其心志：饱尝民生之多艰

1986年那年，徐竹清高中毕业，以几分之差高考落榜。不愿再依靠家里复读考大学，他开始在社会上独自摸爬滚打。上街推销零头布，吆喝过冰棍，打过铁，还卖过螃蟹……短短几年时间，让那个原本处于叛逆期的少年，饱尝为生计所困的艰辛。

最令徐竹清印象深刻的是1989年元旦，他扛着40多斤重的螃蟹从建德坐车去杭州的农贸市场，接连碰到两个二道贩子想买他手上的螃蟹。"我看被他们挑挑拣拣的肯定得亏本，就不想卖给他们，结果被他们叫来的农贸市场管理员收走了40元管理费，因为不服还被一伙人打昏在地。"当时势单力薄的徐竹清，醒来之后忍着一身疼痛，把剩下的螃蟹拎到朋友那里大快朵颐，苦中作乐的他笑言野生螃蟹的香味在屋子里三天不散。

眼看生意难做，徐竹清回到了建德的乡镇企业上班。他平日里在工厂车间帮忙，业余时间加入了当地的捕鱼队，大冬天也要赤着身子下水拉网，所幸收入不错，终于有了一笔不小的积蓄。但不久之后，徐竹清所在的工厂倒闭了，他又得另谋生计。

"20世纪90年代初是汽车驾驶员最吃香的时候，要拿到一本驾照不是件容易的事。我咬了咬牙就把手头的存款全都用来当驾校的学费了，没想到还远远不够，问亲戚朋友借了个遍，最后还差500元考试费用，只能厚着脸皮让教练先帮我垫着。"徐竹清回忆道，当时连从驾校回家的车费都没有了，整整走了50多公里，累到极点的时候忍不住坐在路边落泪。

1990年，徐竹清终于顺利当上了货运司机，与人合伙为上海的工厂运货。或许是命运在跟他开玩笑，有一次他到上海送货，返程已是第二日凌晨，筋疲力尽的他回到家中倒头就睡，醒来才发现家里进了小偷，不要说钱财，连放在床头的衣物都不见了。从徐竹清的讲述中，依然能体会到他当时的茫然与绝望。

柳暗花明：临危改制重获新生

山重水复疑无路，柳暗花明又一村。恰逢建德一家乡镇化工厂招收驾驶员，徐竹清经人介绍得到了这个机会，成了厂长的专职司机。因为经历过之前的种种困窘，他对这份工作格外珍惜，甚至可以说是付出了十二分的努力。从早到晚随时待命自不必说，他每次用完车都把里里外外打理干净，简直把车当作自己的家来管理。

徐竹清认真负责的工作作风被许多人看在眼里，渐渐地，就有厂里的供销员托他帮自己带货给客户。久而久之，他一个人竟然承担了四个供销员的工作量，驾驶倒成了副业。短短四年内，徐竹清从普通的驾驶员飞速晋升为供销科长、副厂长，直到正式掌管整个企业。"在任何一个岗位上工作，都要坚持增加个人筹码，为企业创造更大的价值，让自己发挥不可替代的作用。"说起这段经历，徐竹清颇为感慨。

到了1996年，由于生产设备与经营方式落后，化工厂的各条生产线基本处于停工状态，企业生存面临危机。当时刚刚成为厂长的徐竹清，不是想着放弃工厂另起炉灶，而是大胆地提出了转制的建议。但这个提议遭到了工厂老员工的反对，他自己还必须因此背负280万元的债务。在做出最终决定的前一夜，他在黑暗里睁着眼，脑海中不断进行着思想斗争，第二天清晨猛然发现自己一夜白头。

事实证明，徐竹清的选择是正确的。企业完成转制之后，发展势头一路向好，产品也逐渐从无机化工向有机化工升级。2001年，在建德市政府的支持下，徐竹清与留美归国的高中同学合伙，在山清水秀的新安江边建立了杭州福斯特药业有限公司。"我们专注于生产有一定技术含量的高附加值医药中间体，专攻大药企不愿意做、小药企又做不来的那部分市场。"基于如此准确的自我定位，福斯特药业成立第一年的销售量就达到了800万元，自2002年起，在建德本地企业中的纳税额一直高居前三位。

水乳交融：希望与员工在一起养老

早在福斯特药业成立之初，徐竹清就曾对员工许下承诺："要把员工摆在第一位。"令他颇为自豪的是，福斯特药业每年的员工离职率不到1%，可见他的承诺实实在在地得到了践行。作为一家生产型企业，为什么人员流动率如此之低？据徐竹清透露，福斯特不仅为员工提供了颇具竞争力的薪资，而且为每一个员工提供五险一金的保障，从来不会为了企业利益损害员工利益。为了员工能更好地兼顾家庭与工作，企业还在杭州专门设点办公，解决了人才两地奔波的烦恼。

在企业内部建立和谐用工关系的同时，福斯特药业也与周边村民相处融洽。"在当初征迁的过程中，我一直强调不要跟村民计较得失，毕竟他们失去的是一辈子的生产资料。"徐竹清介绍说，除了逢年过节给周边的村落送去慰问品，企业还为132位村民承担个人养老保险，甚至还为周边修路修桥。

虽然多年以来一直平稳发展，但对于企业未来的发展方向，徐竹清有自己的思考："企业发展到现在这个阶段，想凭借自身的力量继续做大做强非常困难，必须借助资本的力量实现新的突破。"2016年，武汉一家上市公司人福医药来建德考察福斯特药业，与徐竹清交谈了15分钟之后，就敲定了收购事宜。"我只有一个愿望，那就是为公司的人才提供更大的发展平台，公司的200多号员工以后还能在一起养老。"

另辟蹊径：打造"新安创客"模式

基于企业人才梯队的成熟，近年来徐竹清逐渐退居二线，将一部分精力转移到了家乡全域旅游的建设上，希望能为更多老百姓提供创业机会与就业岗位。"作为杭州的后花园，建德完全可以利用自身优势开发休闲旅游资源，把城市打造成全域旅游的典型案例。"抱着这样的初衷，徐竹清在新安江边打造了一家新安居名人宾馆。与普通宾馆不同的是，"新安居"里头有 5000 平方米的创客空间，这个空间不仅欢迎建德的创业者入驻办公，还为自己的员工提供平台，鼓励他们实现自己的创业创富梦。

徐竹清提议，宾馆每个部门都成立一家公司，在为顾客提供增值服务的同时为自己创收。"比如客房部的员工可以成立土特产公司，专为住客提供价廉物美的土特产；餐饮部的员工可以成立酒水公司，用新安江的水酿制出具有建德特色的酒；负责宾馆绿化的员工也可以成立园林绿化公司，专门培育蔬菜水果盆栽。"这些在普通人眼中近乎荒诞的想法，在徐竹清看来却十分可行。他计划在宾馆内部设置一个微生活馆，将上述产品放在其中出售，即使只满足整座大楼 1000 多名顾客与工作人员的需求，那也是一个不小的市场。

"我不看年龄学历或资历，只要他有创业的想法，我不仅可以为他提供办公场地，还能提供财务、法律、营销甚至政策咨询等一系列配套服务。"徐竹清说，把整个社会的思想与资源整合到一起，才是国家真正提倡的"大众创业、万众创新"，虽然目前仍处于探索阶段，但未来他希望能把"新安创客"打造成一种可复制的模式，推广到全省乃至全国。

2017年5月19日

徐竹清

赵晓军

讲好眼镜的中国故事

浙江大光明眼镜有限公司董事长
杭州市眼镜商会名誉会长

赵晓军

　　赵晓军的公司总部大楼位于延安路靠西湖一侧，距离西湖直线距离 200 米，可谓寸土寸金。多年前，他就在总部楼里创建了中国第一个眼镜博物馆，占地约 800 平方米。赵晓军说，他建立博物馆的初衷就是要讲述眼镜的中国故事。

　　怎料，时代的变革为赵晓军的眼镜故事平添上人生百味，里头少了几分轻松诙谐，倒多了几分真实的痛切与思虑。他经历过不破不立的一胆孤勇，体验过振奋人心的一呼百应，也遭遇过前路不知的迷茫困守。如今，他仍在孜孜不倦地学习新理论，探索新路径，希望讲好治理国人"眼前的雾霾"、保护国人视力的眼镜故事的新篇章。

树立杭城眼镜业行规
成立杭州市眼镜商会

1994年，赵晓军到杭州踩点，准备开设大光明眼镜店时，发现当时杭州的大牌眼镜店，顾客配副眼镜要等一个星期至半个月，验光、修理甚至清洗眼镜都要收费。他回忆说，当时之所以选择落户杭州，就是想在此率先垂范，"给杭城业界看看什么叫顾客至上"。

此后，市民们惊讶地发现，在大光明眼镜店，验光、清洗、修理竟然都是免费的，而且最迟第二天就能戴上新眼镜（定制眼镜除外）。这些如今看来天经地义的事，当时令杭州的同业们惊讶，谓之"大光明破了行规"。从此，大光明便牢牢牵住了消费者的心，连锁店一家连着一家开，至今已扩张到300多家——北至黑龙江佳木斯，南至广东中山，西至成都。

但西湖的三月告诉赵晓军，一花独放不是春，他一心想把大光明的经营理念推广到全市，提升整个眼镜行业的社会美誉度。"当时眼镜行业没有自己的独立商会，与珠宝、钟表行业合在一起，不利于吸引社会关注。"

2004年，赵晓军一力主张成立了杭州市眼镜商会，经选举担任了前两任会长。任会长期间，他倡导行业自律，建立以产品及服务质量为核心的信用监督、验光等级培训体系，使杭州眼镜业成为都市商圈中最早成熟的行业之一，让市民放了心，政府少操心。

互联网崛起催生转型思考
介入改善国人"眼前的雾霾"

阿里巴巴的崛起带动互联网摧枯拉朽的势头，让杭州一夜之间成为世界级创新之都，两相对比之下，赵晓军"痛切地感觉到什么叫作传统行业"。以门店经营为基本业态的眼镜行业，数百年来没有根本变化，面临着市场超饱和、边际利润递减、业内竞争陷入零和博弈等困境。

2014年，作为浙商中最早成行成业者之一的眼镜店老板们筹划多年，成立了浙江省眼镜商会，赵晓军自然再次被推选为会长。"商会本身就是个松散组织，想要整合资源、统一观念，大动干戈地改造业态，不仅没有可与国际接轨的经验与模式，更有着不可预计的风险。"他语气沉重地说，浙江省眼镜行业的2000多家企业，虽说近几年的总营业额仍在稳步增长，但与互联网行业根本没法比，只能眼看着"马云们"一骑绝尘。

赵晓军一位身处珠三角的朋友，颇为理解他的处境，说"你不幸与马云同城，作为浙江企业家一定要不断学习才不至于退步"，并推荐了弗里德曼、哈耶克、法兰西斯·福山与亚当·斯密的书。他深以为然。正按这个书单埋头苦读之时，G20峰会又在杭州召开了。细听会议精神，他发现今后要讲的是中国故事与创新制度设计，也就是说，杭州企业家要为世界的经济振兴担负创新责任。

反思之下，赵晓军企图从供给侧改革思路入手，重新认识市场。他认为，浙江眼镜市场从需求侧看是饱和了，但从供给侧看则有新的发展空间，关键是要对行业业态进行提升与重组，以刺激新的需求的产生。通俗地说，业界要从抓眼镜的质量向关切并介入干预视力本身的质量与健康发展。

"在中国眼镜消费量居世界第一的同时，也证明中国国民视力健康问题居世界首位，就是普遍的大概率视力缺陷，从童年、少年一直到成年，都成为困扰国民幸福指数的极大障碍。"用他的话来说，这叫作"眼前的雾霾"，需要业界联动政府、公益组织、医疗行业等，动员并整合更多的社会资源才能改善，其必要性与难度，并不亚于对付真正的雾霾。

智能设备收集顾客数据
未来将与眼科医院联网

常常光顾大光明的市民都知道，几年前大光明的门店里出现了一个叫"眼艺圈"的机构，这是专门为消费者度身定制个性化产品的验配中心。目前，"眼艺圈"引进的 VR 配镜设备，以及正在进行的个性化定制眼镜 3D 打印加工试验，似乎大有代替验光师、配镜师的势头，但赵晓军并不看重它的所谓替代功能，而是看重其收集并储存下来的数据。

"30年前，大光明本着对顾客长期负责的精神，首创了'顾客档案'制度，也就是一朝光顾，终身服务；我们把每一位顾客的各项眼镜参数记录在册，保存在柜子里，以便根据顾客视力变化提供配镜咨询与参考。"赵晓军说，这种很原始但很温馨的方法，让许多顾客成为大光明的"终身粉"，还说光顾了大光明就等于"入档"了，叫作"档员"。如今他不改初心，打算升级用智能设备收集顾客数据，将它与正在装修阶段的"大光明眼科医院"联网。

占地 2000 平方米的眼科医院也设在西湖边大光明总部内，当年因道路改造而停业的眼科医院要重新开张，计划聘用数十名专业医护人员。赵晓军表示，与当年的眼科医院 1.0 版本相比，新的眼科医院除了设备更先进、服务项目更多以外，视力问题与眼疾的诊断与检验、眼保健咨询、爱眼护眼早教等项目都将向市民免费提供。

这座拥有眼科保健、视力疾患预防、矫治功能的医院与各门店大数据联网运营，就是赵晓军企图从供给侧再启动眼镜市场新需求的支点。"我想为保护国人视力健康做一些探索，哪怕作为企业运作项目来说可能失败，但无论结果如何，都是值得的。如果能有效果，我想把各会员单位也整合进来，开掘出更广更深的供给资源。"当然，赵晓军坦言，现在想一想前景还是可以的，要说已经卓有成效还为时过早。

2017年3月15日

沈葳

与国内景观照明业同步成长

杭州市城市照明行业协会理事长

浙江城建规划设计院副院长

沈葳

　　沈葳的办公室有着十足的艺术气息，四面墙上都挂着画，整个空间呈现出一种繁复但不杂乱的美感。从中国的水墨画到西方的油画，光影与色彩交织，这同沈葳所从事的景观照明设计颇有共通之处。

　　"照明设计师就是用光线作画。首先要确立'画意'作为设计的理念。""光影是故事的灵魂，正如照明设计大师面出薰所言，迷人的灯光设计不是把光叠加在一起，而是在一点点光中发现和创造一些微妙的阴影。"在过去的近20年里，沈葳正是用光与影勾勒出一幅幅优美的城市夜色图；连接起一个个关于自然与人文、过去与未来的故事。

从一座楼一条路到一个城市
半生陪伴景观照明行业成长

可以说，从初出茅庐的青年到成熟练达的中年，沈葳一直伴随着国内景观照明行业从呱呱坠地到成长发展的过程。"虽然仍显稚嫩，但已经度过了生命最脆弱的阶段，那是心智与性格的养成，世界观初步建立的时期。"

1992年，刚从大学毕业的沈葳，被分配到杭州凤凰灯具厂，从事室内灯具的设计与制造工作。虽然灯具只是整体照明规划中的一个小部件，但对于年轻的沈葳来说，第一份工作就让他与照明行业结下了不解之缘，也为日后从事景观照明设计奠定了基础。

"景观照明行业的兴起，必定与全国性乃至国际性的大事件分不开。从港澳回归、亚运会再到奥运会，这些具有跨时代意义的历史事件，让人们在某个神圣的时刻为光影的魅力所折服，被照明的力量所震撼。"沈葳说，真正意义上的景观照明就是从20世纪90年代末开始，在国内蓬勃地发展起来的，这个行业对景观照明设计人才的需求自然也水涨船高。

1999年，浙江省成立了城建规划设计院的前身——浙江省城建园林设计院，专门承接各类城建园林设计项目。沈葳开始在整个团队中担任照明设计师的角色，后来更是集结这一领域的人才组建了光环境所，使得这门关于光影的学问有了自己的地位。他回忆说，早期市场对于景观照明的需求并不大，印象最深的是大银行在杭州兴建分行总部大楼时，会投入上百万元支持外立面泛光照明工程。但随着城市现代化建设的逐步推进，景观照明的应用也从点亮一座大楼延伸至装点一条道路，再拓展到衬托一个城市的夜色。

"我与国内的景观照明行业是一同成长起来的，在没有很多前人经验可以借鉴的情况下，只能一边实践一边学习，探索符合国内城市发展与现代化建设的景观照明设计理念。"沈葳用这样的话来概括他与景观照明设计相伴走过的岁月。

G20 峰会亮化工程幕后主创
做足水的文章　尊重自然人文

"一般来说，景观照明是为建筑物主体服务的，只有融入整体环境，达到与自然、人文相协调，才是优秀的作品。当然，最重要的还是让业主满意，让老百姓满意。"在过去近20年的从业历程中，沈葳一直坚守并践行着这样的设计理念。他与自己身后20几人的团队，逐渐在行业中积累了过硬的口碑，成为浙江省景观设计行业无可争议的领军人物。

自去年杭州G20峰会成功举办之后，美丽的夜景灯光无疑成为杭州城市的一张新名片。而造就这方绚烂夜色的幕后英雄，由沈葳带领的浙江城建园林设计院光环境所也是当之无愧。2015年年初，沈葳就开始参与杭州城区核心区景观亮化提升与改造项目的投标工作。同年6月份，中标多个核心项目后，他与团队持续处于紧张的工作状态，围绕西湖、运河与钱塘江三大核心区展开规划设计，在吸取各方意见的同时不断深化修改方案。令沈葳最为欣慰的是，在与杭州G20峰会相关的所有提升改造项目中，老百姓对景观亮化的满意率高居首位。

"杭州伴水而生息，以水运而兴城，所以必须突出'水'的理念，向世界展示杭州的水文化。"沈葳当时提出，只要把"水"的文章做足、做深、做细，整个亮灯工程就不愁没有看点。从以"星河枕梦"为主题的运河板块，到以"西子寻梦"为主题的西湖板块，再到"之江追梦"的钱塘江板块，沈葳用光影凝聚各个水系的独特气韵。如果说运河是一个光华内敛但充满古典风韵的知性美人，西湖则如同淡雅端庄的水乡女子，而钱塘江更像一位新潮时尚的动感女孩。

谈及整个景观亮化工程中遇到的最大难点，沈葳认为还是在于与业主的沟通与协调。"比如我们负责的钱塘北岸8公里的亮化提升工程，因为涉及大量的住宅楼，很多时候需要一户一户上门征求意见。有好几次，在灯光已经安装完毕之后，业主向我们反映存在光污染，我们只能全部推翻重来。"虽然实施过程颇为艰辛，但沈葳认为，即使牺牲一些效果，业主的感受也是必须顾及的，因为景观照明本就不应该影响生活，而是为了让人们的生活变得更加美好。

可以说，在杭州核心区景观亮化提升与改造过程中，沈葳坚持了以人为本，尊重自然与历史，避免过度照明对自然生态、人居环境以及历史文化造成不良影响。"我们在设计西湖国宾馆的亮化方案时，用的灯很少，只用合理的光色重点凸显一些具有历史厚重感的建筑部件。"而为了不影响运河周边居民的生活，沈葳与团队选择在原有照明基础上进行升级优化，采用"光的微创新"方式，强调了青园桥、御码头、富义仓、桥西历史街区等30多个节点。在他看来，"有时候安静的照明比绚丽的照明更有力量"。

照明设计好比时装行业
不断探索全新的技术理念

"城市景观照明设计不仅仅是艺术表达，其中蕴含的治理理念、城市精神、历史文化、公众关怀大大超越了视觉艺术范畴。城市照明设计能否探索出全新的设计理念，去指导更加丰富的设计实践，是这个行业当下面临的首要课题。杭州 G20 峰会作为国内照明行业的重要案例，也只是这个课题的起点，而不是终点。"对于自己与团队过去取得的成绩，沈葳始终用谦逊且谨慎的眼光去审视，用理性与批判的角度去思考。

据他介绍，当前的景观照明产品越来越重视绿色节能，已经全面跨入 LED 时代。照明设计则呈现出从静态照明到动态照明、从单纯的光色变幻到形成媒体立面图案的发展趋势，更多的新技术还将助力行业实现更为惊艳的光影效果。同时，跨界合作正在紧密开展，景观设计师与建筑师、舞台灯光师等相关领域的专家应该多方合作，探索出更多新理念与新模式。

为了更准确地阐述自己的理念，沈葳打了一个生动的比方："照明其实就好比时装，除了产品本身有寿命需要定期更换，新技术的快速更迭与现代人审美需求的不断改变，都在无形中推动了照明设计的变革。"他说，虽然国外的景观照明的发展历史较长，国内设计师仍须在技术与理念方面向国外学习，但国内显然能提供更丰富的景观照明应用场景。无论是已经过去的 G20 峰会，还是不久之后将要迎来的亚运会，都为设计师搭建了绝佳的施展才华的舞台。

"我未来的目标，我的中国梦，就是打造更加优美和谐的光环境，来提升城市的夜间魅力，打造更加幸福的人文之城。"未来，在沈葳的眼里有无限的可能性。

2017年5月12日

朱 琼

演绎太阳能电池"柔性之美"

在全球科技界，男性一直占据着主导地位，女性则被认为是这个行业的稀有物种。然而，数量不多，并不代表其扮演的角色不重要。全球著名社交网站 Facebook 首席运营官雪莉·桑德伯格，就是扎克伯格背后那个不可或缺的女人，她为醉心技术研发的扎克伯格奠定了商业帝国。

而在杭州这片创新创业的热土上，也有这样一位"中国版桑德伯格"，她是数十位海归科学家的"大管家"，她用她柔中带刚的身躯，撑起一片遮风挡雨的桃花源，为企业攻坚克难默默奉献。她，就是尚越光电科技股份有限公司合伙人、常务副总，杭州尚越美归新能源有限公司董事长朱琼。

"过去这几年或许是我这辈子最累、最辛酸的，但也是我最自豪、最有成就感的几年。"朱琼一向温柔的语调中透出几分激动。"我们成功打造出了亚洲唯一能量产的柔性 CIGS（铜铟镓硒）薄膜太阳能电池生产线，颠覆了传统光伏行业对太阳能电池的想象，让我们的国家离世界新能源之巅更近了一步。"

数十位尖端科学家集体回国创业
请来"中国版桑德伯格"加盟

朱琼与尚越的故事，起源于七年前的春天，正是万物复苏、新旧更替的季节。

时任纽约市立大学亨特学院物理系主任的任宇航教授，来到了杭州这个创新创业之都，扎根于杭州未来科技城（海创园）。与他一道归国的，是一支豪华的海归科学家团队，包括三名国家千人计划专家、四名浙江省千人计划专家，前 Bell 实验室、希捷、IBM 等知名企业的资深工程师……他们怀揣创业梦想，希望实现柔性薄膜太阳能电池技术的产业化，打破欧美发达国家的垄断。

要想实现技术产业化，必定得成立一家像样的企业，组建一支有技术、懂管理的团队。为此，他们急需找到一位既了解中国国情又深谙经营管理的合伙人。经过一番打听与筛选，他们最终"盯"上了朱琼。

如同扎克伯格"十顾茅庐"打动了桑德伯格，尚越的创始股东们对于朱琼也是求贤若渴。这位端庄娴雅的女性曾在多个与经济相关的政府部门任职，在政途一片大好之时却毅然下海，出任一家知名上市公司的高管；她同时还是一位投资人，曾投资多家实体企业，可谓是商界名副其实的"老炮儿"。

"当时的尚越完全是白纸一张，产品都还未成形，更别提建造厂房、引进设备和规模化生产了。"即便如此，朱琼也毫不犹豫地答应了尚越光电董事长的邀约，全身心地投入到了这家新生企业中，"因为从他们的描述中，我看到了柔性薄膜太阳能电池技术的巨大价值与想象空间。如果能成功，太阳能这种清洁能源将真正走进人们的生活，这不仅能改善日趋严峻的环境问题，更是推动我国发展为新能源强国的一大助力"。

贴上这张薄膜就能发电
她曾面对无数次误解与质疑

在尚越光电的展厅里，记者看到了这块承载无数人梦想的 CIGS 太阳能薄膜电池。它的外观看上去就像一张普通的塑料薄膜，却能产生巨大的能量。

据朱琼介绍，这张薄膜可以任意弯曲贴在物体表面，接收到太阳光后就能发电。与传统的晶硅太阳能电池相比，它具有效率高、重量轻、厚度薄、易携带等突出优势。经中科院光伏与电力检测中心认证，冠军电池可达到 18% 光电转化效率，批量成品模组光电转换效率均在 13% 以上；相同装机量与时间内，每千瓦的 CIGS 电池能比晶硅类电池多发 20% 的电量。

这块神奇的薄膜电池，经过工程师们的妙手点金，能够广泛应用于民用、商用、军事及航空航天等领域。它大到可以贴在机场航站楼、体育馆、别墅等多种形状的屋顶，为建筑内部提供源源不断的电力；小到可以充当手机电源，尤其适合户外运动爱好者——只要拿出来晒一晒太阳，就不怕手机没电了。同理，它还能为高速公路、交通工具、通信基站、城市景观照明、无人飞机等供电。

"从 2010 年 4 月注册成立企业，到 2013 年成功研发出第一个产品，再到 2016 年搭建完成第一条柔性 CIGS 薄膜太阳能电池生产线，形成年产 50 兆瓦左右的量产能力，这七年时间是令人煎熬又值得回味的。"朱琼说，由于国内大多数人缺乏对薄膜太阳能电池的认知，团队在创业过程中遭到了许多误解，常常被认为是在"编故事"。

"庆幸的是，各级党委政府非常理解我们，对高新企业的支持力度也很大。"她感慨道，多少耗资巨大的科技成果在产业化阶段胎死腹中。尚越 CIGS 薄膜电池项目技术含量高，研发周期长，难免会在过程中遭遇许多质疑，这些都需要朱琼和同事们耐心解释。

如今，产品已经做出来了，但仍需要等待市场的认可。"市场对新事物总会持怀疑态度，需要经历必不可少的用户体验，才会慢慢接受并认可它。"就在 2017 年 8 月，由尚越光电自主研发设计的全国首例柔性光伏一体化智能公交候车亭刚刚在杭州市余杭区启用，内设光伏发电、电子监控、LED 照明、手机充电、无线 WIFI、光伏市电智能切换等九大功能，吸引了大批市民的眼球。朱琼对于自家的产品信心十足，她表示，预计到明年，尚越的产品就会迎来真正的市场爆发期。

这位巾帼企业家有一副古道热肠
她将文化扶贫当作第二事业

别看朱琼在工作的时候雷厉风行，这位巾帼企业家却不是人们想象中的强势、刻板的女强人。

熟悉朱琼的人都知道，她爱笑，爱生活，更是心怀悲天悯人的济世情怀与古道热肠，从不在小事上计较个人得失。"我从小就在心里下定决心，将来要赚很多的钱，让自己有能力帮助更多需要帮助的人。"朱琼说，这也是她下海的原始动力。

据她回忆，当初砸掉公务员的"铁饭碗"，她经历了三年的思想斗争："我不断地问自己，做民营企业是不是在谋私利。后来我想通了，做企业能为国家创造更多的税收，还能提供更多的就业岗位，能为社会做更大的贡献。"因此，拥有企业家身份的朱琼，比以往更加热心社会事务与公益事业。

她不仅是杭州仙居商会的会长、杭州市台州商会的常务副会长，还是杭州市女企业家协会的执行会长、杭州市工商联妇委会主任。她坚持每年捐助贫困大学生，尤其是帮助家乡的孩子们完成学业，用知识改变自己的命运与家乡的面貌。她认为，"授人以鱼不如授人以渔"，只有文化扶贫才是真正的"药方"，也是她毕生追求的第二事业。

助推清洁能源全面替代煤电
她有坚韧不拔的斗志与精神

如今，尚越光电刚刚完成了第一个五年计划，建成了 10 万平方米的现代化生产基地。朱琼表示，第二个五年计划正在紧锣密鼓地实施中，计划在 2020 年前建成五大生产基地，与 100 家终端厂商合作，将产品应用到各个领域。紧接着，第三个五年计划也会有条不紊地开展，目标是成为国内乃至世界新能源企业的领航者。

"要想让薄膜太阳能电池得到大规模应用，关键是把生产成本降下来。"朱琼坦言，目前薄膜太阳能发电成本仍较高，等到形成 G 瓦级规模后，电池产品的最终价格将是传统太阳能电池的五分之一，接近煤电价格。到那时，清洁能源完全有可能全面取代煤电。

"我们原本不用花这么多心血，历经这么多坎坷，也能获得可观的财富与社会地位。但是既然我们有机会选择这条利国利民的道路，就算遭遇再多误解与质疑，我们也会继续向前，直到迎来属于我们的灿烂阳光。"在朱琼看来，正是这种坚韧不拔的斗志与精神，支撑团队走到现在；她也鼓励年轻的创业者们不要轻易言弃，坚持一下，再坚持一下，或许就能到达成功的彼岸。

2017年9月14日

朱琼
073

朱朝阳

惠人达己 守正出奇

浙江助介金融服务有限公司董事长　杭州河南商会会长

朱朝阳

　　惠人达己，守正出奇。朱朝阳的人生信条就浓缩在这两个意韵深邃的词中。

　　"我觉得自我价值的体现必须建立在社会价值的创造上，能够在帮助别人的同时成就自己，是我创立助介金融的初衷。"朱朝阳语气沉静地说，"同时，从事金融行业必须重视守正而行，谈生意要抱着十谈九不成的心态，宁可少赚钱也绝不干把握不大的事，在合规的基础上出奇制胜。"

　　如今，助介金融已经拥有200多名员工，在浙江省范围内广泛布局，受到众多浙江中小微企业的信任与支持。据朱朝阳透露，自2010年成立以来，助介金融共计完成资金管控对接超过20亿元，帮助过的企业达到3000多家。而这只是他"助百业、兴万家"的梦想起航的开端。

20 岁只身在外闯荡
与浙商结下深厚缘分

朱朝阳对自己 20 岁的生日印象深刻。那一天，他一个人提着两箱货，站在离家已千里之遥的兰州火车站，深吸了一口气。鲜衣怒马的少年意气初次被四顾无亲的茫然所取代。

"1997 年我刚刚从学校毕业，觉得年轻就应该出去闯一闯，不顾父母的反对，口袋里揣着向朋友借来的 800 块钱，就跑去银川了。"朱朝阳说，他的第一份工作是为家乡的化妆品工厂推销产品。

刚到银川的时候，由于人生地不熟，朱朝阳这样一个初来乍到的小伙子并不被商家信任，甚至没有商家愿意接受他的产品。好说歹说，终于有几家同意先卖货，再视销售情况给朱朝阳结钱。就这样，一个月之后，他从老家带来的两箱货终于卖完了；一年后，他有了一笔来之不易的 7000 元积蓄。渐渐地，朱朝阳代理的品牌有了回头客，于是他组建起了一支销售团队，进驻山西、内蒙古等省份，成功拿下了西北地区的总代理。

在此期间，他接触到了不少浙商，并与他们结下了深厚的缘分。"我觉得浙商很符合'四千万'精神，他们走遍千山万水，志在四方；他们历经千辛万苦，少有怨言；他们道尽千言万语，不厌其烦；他们想出千方万法，考虑问题全面又深远。"与浙商深入合作的过程，让朱朝阳对养育出这一方人的水土生出了向往。

扎根杭州饱尝种种困窘
成立河南商会抱团取暖

2001 年，朱朝阳终于按捺不住到心中的创业圣地闯荡一番的渴望，带上在银川打拼三年的 50 万元积蓄，将西北的事业交给伙伴打理，只身来到杭州这个早已扎根在他心底的城市。

又一次从零开始。他壮志雄心地租店，雇人，打广告，现实却泼了他一盆冷水。原本的几十万积蓄花完后，销售却没有明显的起色，付出与回报完全不成比例。

可贵的是，朱朝阳身上有股不服输的劲儿，硬是没有向现实低头。如此坚持了三四个月之后，他的产品渐渐有了人气，他的连锁店更是在短短几年内实现几何式增长，巅峰时期达到了300家。

正是因为经历过种种困窘，朱朝阳对于他人的疾苦感同身受。他常常在业余时间去住所附近的城站火车站做义工，比如在春运期间为滞留乘客送姜茶，提供引导服务等。在此期间，他结识了许多志同道合的河南人，其中不乏在杭州已经打下坚实的事业基础的企业家。

同在异乡为异客。朱朝阳与老乡们决定抱团取暖，于2007年成立了杭州河南商会，为在杭扎根的河南企业家搭建沟通交流、互帮互助的平台。

帮同乡解决融资难问题
跨界成立金融服务公司

在和其他河南老乡的接触中朱朝阳发现，有不少人的公司都属于小微企业，常常遇到融资难、贷款难的问题。"我自己当年也是从小生意起家，不是没有遇到过资金周转的困难，现在自己资金充裕了，自然能帮忙就帮忙。"于是，热心肠的朱朝阳经常拿出自己的钱，不求回报地借给急需用钱的朋友。

有一次，因为朋友的个人原因，朱朝阳的几十万元借款无法要回。但这件事并没有打击到朱朝阳的积极性，反倒让他开始思考，怎样才能更加规范、专业地借贷，在帮助他人解决融资问题的同时，又能控制自己的风险。朱朝阳把自己的想法和会员们商量了一下，最终决定由自己牵头，于2010年开办了一家专门帮助小微企业的金融服务公司——浙江助介金融服务有限公司。

"当时我是经历过一番思想斗争的，觉得这个行业江湖气太重。但在充分调研认真思考之后，我认为既然有充足的市场需求，只要合规经营，用专业的人做专业的事，这件事是可以做成的。"他说，助介金融的贷款利息只比银行略高，是对银行贷款的一种补充机制，意在解决中小企业"短、频、急"的融资需求。

更重要的是，作为河南商会的领头人之一，朱朝阳希望能在实现自我价值的同时，与商会成员之间建立更为紧密的联系，帮助更多河南老乡在杭州闯出一片天，成为优秀新浙商的一员。

重视风控不踩红线
梦想助百业兴万家

金融行业总是绕不开风险控制这个核心问题。自企业成立以来，朱朝阳一直非常重视风控。"我们公司内部规定，有三条红线绝对不能踩。第一是不向没有实物抵押的客户提供借贷服务；第二是抵押物必须能够变现；第三是贷款额度不能高于抵押物的价值。"他说，只要有抵押物、手续齐全，最快一天就可以出资，为企业解燃眉之急。

据朱朝阳介绍，助介金融每操作一个新项目，都得通过由法律、房产、财务等方面的专家组成的贷审会审核，大家一起讨论风险点在哪里，能不能操作。"我拥有一票否决权，但没有一票通过权，原则是宁愿错过也不能做错。"除此之外，在项目的实施过程中，助介金融也会有专人跟进核实，力求每个环节都做到透明规范。

目前，助介金融的业务已经覆盖房贷、车贷、垫资转贷、土地招拍挂配资、不良资产盘活配资、银行借贷等各个领域的金融服务，其中土地招拍挂配资、不良资产收购这两项业务更是独创业界新模式，为客户提供了低门槛、多元化的借贷服务。

同时，助介金融还在和全国几十个地区的商会沟通，联合 50 多家同行，共同发起"助业联盟"，以提升抵抗市场风险能力，整合到更多的资源。"我的梦想是助百业兴万家，把浙江这套行之有效的模式推广到全国各地，惠及整个中国市场的中小企业。"朱朝阳说。

2017年1月24日

王国昌

将苗木事业代代传承

杭州市萧山区宁围街道丰东园艺场董事长

杭州市苗木商会副会长

王国昌

今年72岁的王国昌，说话中气十足，笑声爽朗豪放，开起车来也干脆利落，可见其精神之矍铄。按照他的说法，这都是干苗木这行的功劳，长年下地干活，身子骨哪能不硬朗呢？

作为远近闻名的"花木大王"，王国昌经营的丰东园艺场位于萧山宁围街道。30多年来，他依靠科学经营，使园艺场成功经受住了苗木市场的风云变幻，规模和效益逐年稳步提升。基地规模从创办之初的两分地扩大到了1500多亩，苗木也从单一品种增加到了400多个品种，"丰东"俨然已成萧山花木业举足轻重的龙头企业。

更可贵的是，王国昌不仅依靠苗木经营率先走上了致富的道路，更为广大苗农树立起了典范标杆。在他的身上，苗农们找到了发展花木的信心，学到了经营苗木的诀窍，更是深刻感受到了一位苗木企业家的社会责任感。

两分地起家扎根苗木行业
"以场养场"走出发展困境

20世纪70年代末的改革开放初期，我国首次提出了建设城市园林、自主发展花木生产的设想，绿化市场出现了一波短期好行情。时年30多岁的王国昌，正是从那时候开始在自己的两分地里扦插了水杉和榆树小苗，虽然每年的收入只有几十元，但在当时也是一笔不小的收入。

1983年，国家号召植树造林，当时的萧山县政府鼓励农民培育小苗，嫁接龙柏一时成风。但到了1985年下半年，全国龙柏价格狂跌，出现了业内闻名的"龙柏烧狗肉"事件。这波产业低潮的根本原因是苗农盲目跟风，一哄而上，导致单一品种严重过剩。幸运的是，王国昌在同行大批亏损时幸存了下来，还从中得到了宝贵的经验教训："必须具有市场前瞻性，进行多品种培育。"

1986年，王国昌接手了处于低谷的丰东园艺场，当时10多名职工已有两年没有领到工资。园艺场面积虽有20多亩，但苗木品种单一，质量不高。为了度过最艰难的时期，王国昌想到了"以场养场"的方法。"那时候萧山正在搞基础设施建设，工程所需的沙石量很大，而苗场门前刚好是一条河，我干脆就在河边办了一个沙石场，第一年的收入就有两万多，把拖欠职工的工资全补上了。"同时，他也没有荒废主业。他砍掉质量不过关的苗木，根据市场需求逐年引进新品种，耐心等待小苗的成长与苗木市场的复苏。

直到1991年，王国昌瞅准机会，及时扩大种植面积，用6亩地培育了1万株大叶黄杨，销往河南、河北、上海、江苏、福建等地，销售额高达18万元，真正帮助园艺场走出了困境，也为苗场面积的扩大、品种的进一步丰富打下了基础。王国昌与丰东园艺场因此成了萧山苗木业的典型模范，省内外参观取经者络绎不绝，可以说是掀起了全国苗木业新一轮的发展热潮。

回头客众多　新客源不断
诚信 质量 价格是三大法宝

在过去的几十年里，苗木市场冷暖更迭，跌宕起伏，但丰东园艺场从来没有为客源发愁过。王国昌说，丰东拥有不少合作了10多年甚至20多年的老客户，其中还有不少客户出于对丰东的信任，提前下订单，在苗场内定点定量培育苗木。

为何丰东园艺场能在市场中快速打开销路，并且赢得长期的回头客？王国昌告诉记者，他有三大法宝：绝对的诚信、过硬的质量与合理的价格。

在他看来，诚信是一家企业的根基，缺乏诚信的企业就如无根之木。有一年，昆明一家绿化公司向丰东园艺场以每棵2.5元订购了3000棵紫薇，并预付了1000元定金。到提货时，紫薇的价格涨到了每棵3.5元，客户很通情达理，愿意将差价补上，并要求再增加1000棵。但王国昌坚持严格按订单价格销售，将原订的3000棵与追加的1000棵紫薇以每棵2.5元的价格卖给了客户。那家绿化公司因此深受触动，从此成了丰东的忠实客户。

"如果说诚信是基业长青的根系，那品质就是我们赖以生存的养分。"王国昌又举了一个生动的实例，"有一年7月份，我们把286棵香樟送去上海，当时的气温在35摄氏度以上，但香樟的成活率接近100%，移栽只失败了一棵。"要知道，盛夏由于树木蒸腾量大，移栽成活率会大幅降低，可见丰东的苗木品质很是过硬。他们还为客户提供专业周到的售后服务。因此，王国昌从业几十年来，他销售的苗木从来没有发生客户要求退货的情况。

谈及价格的合理性，王国昌说丰东有一套特殊的定价体系，能够在保障自身利益的同时，让客户觉得物有所值。"对大苗来说，树冠的丰满程度、色泽的好坏、是否偏荫等都是衡量其质量高低的标准，作为苗木经销商，必须根据市场行情确定价格，体现优质优价，实现互利共赢。"值得一提的是，苗钱多年来从来没有一分钱的贷款，坚持一手交钱，一手交货，严格控制风险，使企业挺过了一次又一次的"苗木寒冬"。

发展自身不忘带动周边苗农致富
将苗木事业代代传承

近年来，苗木行业由于竞争激烈，产品同质化现象严重，大多数苗木企业都感到市场不太景气，但这对于王国昌来说似乎并不构成烦恼。

他认为，苗木市场的整体需求始终呈现上扬态势，尤其是随着去年 G20 峰会的召开，国家政策的倾斜，各地苗市的繁荣景象呼之欲出。但这样的机遇不可能自动降临到每个埋头苦干的苗木人头上，关键的出路还是在于做出精品。"只有时刻保持培育高质量苗木的能力，才能在形势好转之时第一个抓住机遇，脱离困境，乃至实现升级跨越。"

如今，在王国昌的苗场里，绿、红、黄、紫色彩齐全，大、中、小苗相应配套，高、中、低档满足需求，特别是各类大苗和大面积龙柏成为苗场销售的亮点。王国昌说，接下去还是会坚持培育优质乡土品种，最大化发挥本土在土壤、气候、技术等方面的独特优势，并重视品种在绿化中的实际效果，以适应市场的多元化需求。

在发展自身的同时，丰东园艺场也不忘带动周边苗农发展致富。王国昌不仅无私地将自己一路走来积累的丰富经验传授给前来取经的苗农，还曾为减少对乡邻们的冲击，主动放弃低档苗木的市场，主攻新优品种。更让同行敬佩的是，王国昌还帮助当地苗农卖苗——他曾在一年内帮助农户卖出了 1500 万元的苗木，实现了丰东园艺场和苗农的"双赢"。他被推选为萧山区花木协会会长，成为众望所归的"花木业领头羊"，即使近年退居二线担任名誉会长，他依然热心关注行业发展，积极建言献策。

"我希望丰东园艺场未来依然能够稳扎稳打往前走，不做工程，专做苗木，把'国昌'这个品牌越做越响。"王国昌说，家中的儿子、儿媳们继承了他的苗木事业，早已独当一面，他与苗木的故事将在他们身上得到更好的延续。

2017年6月29日

蒋金土

长在土地里的苗木工匠

杭州市萧山区宁围街道盈一盆景花木场董事长

杭州市苗木商会副会长

蒋金土

　　蒋金土绝对是苗木行业的老前辈了，自40年前决心扎根于土地，就再也没有离开过。他耐心等待每一颗种子的萌芽，每一株小苗的成长，呵护它们不受风雨的摧残，不受寒暑的侵害。在他心里，每棵苗木都如同他的孩子，也是他的作品。把这些孩子抚养成人，他也就圆满度过了一生。

　　随蒋金土漫步在田埂间，听他兴致勃勃地讲述每棵苗木的品种、习性甚至来由，就像聆听一个长辈回忆孩子成长的点滴。他对这片土地的感情，潜藏在平静的语调背后，有着动人心魄的力量。

将盆景理念融入造型苗木
创新材料技艺　为情为意造型

一走进位于萧山宁围街道的盈一盆景花木场，就能看到造型奇特的苗木在阳光下恣意生长，它们不像人们日常所见的那样，拘于盆景中的一方天地，而是深深扎根于大地，在广阔的天地间自成一景。这样的造型苗木，正是盈一独具特色的优势品种。

据蒋金土回忆，盈一创业之初的主打品种是树桩盆景，附带苗木经营。当时他最喜欢的就是这"小中见大，缩龙成寸"的盆景艺术，为此还特意请他的老朋友——中国著名盆景大师潘仲连为苗场做技术指导。在专攻盆景技术的同时，他也没有忽略市场大环境的变化："随着国家对城市绿化的日益重视，造型苗木必然会在市场上占据一席之地。但生产造型苗木的周期长，需要有良好的从业心态和足够的经济实力，不是每一家苗圃都能操作的，这样就有效地避免了与普通苗农的竞争。"

基于这样的判断，盈一开始把生产的重心向苗木转移，并将盆景培植的理念融入造型苗木之中，走出了一条创新之路。"创新是造型苗木的命根，不仅需要持续地创新造型艺术，还需要不断发掘新的造型材料。"

在盈一盆景花木场，用来造型的植物不仅有五针松、罗汉松、小叶女贞等传统造型植物，还有日本红枫、金边水蜡、火棘、匍地龙柏、匍地花柏、瓜子黄杨、枸骨等新奇品种。蒋金土尝试把不同植物组合起来，营造出充满表现力的造型景观。在造型方式上，除了传统的蟠扎、修剪、拉伸等手法，他还创造了换头嫁接、高压截干、倾倒造型、组合塑形等快速造型方法。

"造型艺术不是为了玩弄工艺技巧，而是为情为意造型，是一种表情达意的技术手段。"蒋金土解释道，在苗木造型时更多地考虑随形就势，而不是凭借技艺进行过多的干预，正是以潘仲连为代表的浙派盆景的精髓所在。

占领市场先机　培育彩叶苗木
引入日本红枫　填补国内空白

除了造型苗木，盈一盆景花木场在彩叶苗木经营方面也是独树一帜。早在20世纪90年代，蒋金土敏锐地洞察到了彩叶苗木的市场前景，并开始潜心培育彩色树种，如早期推向市场的金叶女贞，以及后来推出的日本红枫、洒银柏、金边黄杨、红花檵木、紫叶矮樱等几十个彩叶品种。

彩叶苗木在园林工程中得到广泛应用之前，大部分品种都不是市场上常见的"大路货"，而是蒋金土通过各种渠道求得并精心培育而成的。对于"爱木成痴"的蒋金土来说，每每寻获一个新品种，都是如获至宝。

业内人士都知道，在园林色块运用中，银色是很难得的一种色彩，这类树种在市场上非常少见。洒银柏性状稳定，色彩远远望去犹如覆盖着一层薄雪，春秋两季尤为亮眼。因为一次偶然的机会，蒋金土从一位退休老干部手中把大大小小的洒银柏都买了过来，开始规模化培植，最终成了盈一的一大特色。

除此之外，盈一的当家苗木品种日本红枫，还填补了国内空白。据蒋金土介绍，日本红枫的新生叶片比普通红枫小，叶表有一层蜡质，使原来就比较明艳的红色更加光彩照人，且耐寒性极强。"这个品种是朋友送给我的，是那位朋友在日本偶然所得，所以我叫它日本红枫。"更难能可贵的是，蒋金土将彩叶苗木和造型艺术相结合，不仅为造型苗木增加了更多色彩，也打通了彩叶苗木提质的通路。如今，日本红枫已经成为城市园林工程中必不可少的彩叶苗木品种，且几乎所有的此类产品皆出自盈一盆景花木场，在全国占据垄断地位。由盈一出品的日本红枫被栽植到杭州西子湖畔的宝石山，也为深秋的西子湖畔增添了一抹跃动的红色。

从小中见大的盆景，到盆景大地化规模经营造型苗木，再到彩叶苗木造型化，蒋金土在创新路上不断摸索，师法自然又不拘于自然，通过造型赋予苗木产品以新的内涵，在提升观赏效果的同时增加附加值，使苗木成为精品工程或大型工程的点睛之笔。

用平常心跑赢市场
固守本心专注苗木生产

苗木市场潮起潮落，不少苗木企业容易在产业发展高潮时期盲目跟风，遭遇低潮时才决心谋求转型。而对于萧山盈一盆景花木场而言，这样的战略转型早在20世纪80年代就已经启动，并且一直紧跟市场的脚步，甚至在大多数时候跑赢市场。对此，蒋金土有一套自己的经营哲学：用平常心看待市场，永远为下一步的发展做好充足的准备。

"单一品种销量不大时，别人不生产了，我们仍保持一定的量。比如洒金珊瑚一度销量不好，别人都不种了，但我们考虑到这个产品耐阴，还是有需求的，就保持了一定的量，结果获得了不错的收益。"

但即使拥有比同行更敏锐的市场嗅觉，蒋金土也从未囤积居奇，恶意炒作，哄抬价格。

有一年，盈一推出了可为三北地区缺少的黄色系做补充的金叶小檗，市场供应量一度达到1000万株，处于半垄断状态。但是，他们坚持把价位定得很低，应用于工程的多分枝金叶小檗每株仅售2元多。蒋金土表示，大的生产商如果把一个品种上市时的价位控制好，那么这个品种就会按照正常的市场规律发展——从价位降低、工程使用量增加、被园林绿化市场普遍接受，到销售数量逐步扩大，形成良性循环。反之，虽然企业可能在短期获得暴利，但是这个品种的市场却被做坏了，大批小户会因跟风而亏本。

正是在浮躁的市场大环境中固守了本心，盈一多年来一直坚持苗木生产，从未考虑过能赚快钱的绿化工程。"如今做造型苗木的企业越来越多，但不少人偷工减料，本来五年才能定型出圃的造型苗三年就销售，价格虽低，但上工程后不久就会失形失效，这一点必须引起各方的重视。货真价实对造型苗木的长远发展很重要。"说到这里，蒋金土的眉间流露出一丝忧色。

在苗木业干了大半辈子，他已经成为土地的一部分。即使儿子蒋永法早已挑起了苗场的大梁，他依然喜欢在苗场里待着，每天到田间看一看小苗的长势，依然在各处留意适合培植的新品种，比如马上就要推向市场的花叶竹。在蒋金土身上，我们不仅看到了一个老人对毕生事业的热爱，也看到了一位苗木工匠的专注与坚持。

2017年7月11日

金增敏

毛源昌眼镜的初心与匠心

杭州毛源昌眼镜有限公司董事长

杭州市眼镜商会常务副会长

金增敏

"五年前我刚接手毛源昌的时候，许多老杭州人特地赶来毛源昌了解情况，担心老字号会就此消逝。"毛源昌眼镜的现任掌门人金增敏坦言，这给他造成了不小的压力，也让他更加意识到自己肩上的责任。"说得再好听也没有用，我希望用行动向他们证明，毛源昌不会动摇老字号的根基，而是会在传承工匠精神的基础上创新经营管理，最终的目标是给老百姓带去更多实惠。"

经历这五年的发展，金增敏能够自信地说，无论是从销量还是纳税上来评估，毛源昌都稳坐浙江省眼镜行业第一品牌的宝座，目前已经在浙江省内开设了300家门店，正在加快向全国范围扩展的步伐。

更重要的是，毛源昌依然保持着民族品牌的初心与匠心，真正实现了价格回归、专业回归以及服务回归，提升了消费者满意度。

自小与老字号眼镜结缘

说起毛源昌的历史沿革，老杭州人都略知一二。毛源昌成立于清同治元年（1862），创始人毛四发原本在杭设摊售卖眼镜，后积资盘进詹源昌玉器眼镜店，改名毛源昌。20世纪30年代初，其经营资力已达到杭州同行之首。1956年公私合营时，毛源昌与另外三家眼镜店合并改为毛源昌眼镜厂，1958年9月易名杭州光学仪器厂，1984年恢复原名。

金增敏自小对老字号眼镜有一种特殊的情结，因为他的祖辈曾是一位托着眼镜匣走南闯北的"行商"。当代著名作家汪曾祺曾写过一篇意趣横生的小品，生动地描述了这个行当："他左手半捧半托着个木头匣子，匣子一底一盖，后面用尖麻钉卡着有合页连着。匣子平常也是揭开的。匣盖子里面二三十副眼镜。平光镜、近视镜、老花镜、养目镜。这么个小本买卖没有什么验目配光的设备，有人买，挑几副试试，能看清楚报上的字就行。"

到了父亲这一辈，家族的眼镜生意不断壮大，逐渐在西北地区站稳了脚跟。由于受到家庭环境的耳濡目染，金增敏16岁就开始在眼镜店做学徒，从验光、制镜到装配，他在各个岗位上磨炼技艺的同时，也对整个眼镜行业有了深刻的认识。2012年，听闻毛源昌有意引入民间资本，为老字号注入年轻活力，金增敏作为浙商回归故土，成为毛源昌的新任掌门人。

即使赔钱也要满足老客户

就如金增敏所说，接手毛源昌之后，他在最大程度上保留了老字号的原汁原味。

"比如说，如今市场上常见的是树脂镜片，但老一辈人偏爱玻璃镜片，所以我们店里现在还在卖玻璃镜片。成本大概需要100元，但我们只卖30元，这么多年都没有涨过价。"他说，为了满足这些陪伴毛源昌走过几十年的老顾客，毛源昌至今仍有1%—2%的产品，即使赔钱也在坚持出售。

除了这样的特殊产品之外，毛源昌其他眼镜的价格一般也比同行便宜 10% — 15%，真正做到了让利于消费者。更令人惊叹的是，顾客可以到任意一家毛源昌的门店，免费调整或修理自己的眼镜，即使那副眼镜不是毛源昌出售的，店员也会笑脸相迎。

同时，毛源昌积极从事慈善事业回报社会。2015 年，浙江省毛源昌助学基金会正式成立，宣布将以后每年 6 月 6 日全国爱眼日这一天 300 多家门店的营业收入，全部捐赠给助学基金会，重点资助浙江省的贫困学生就学。2016 年，省关工委联合毛源昌启动"百校万人"公益活动，为浙江省内 3 万名家庭困难且视力健康存在问题的中小学生，开展眼镜赠配工作，每人资助市场零售价 500 元左右的眼镜一副。

除此之外，义务进社区为居民维修眼镜也是毛源昌的"固定节目"。据金增敏透露，每年大概 200 场类似的活动，都是员工利用自己的业余时间完成的。在 2017 年省市两会期间，毛源昌也在会场参与了服务工作，受到了一致好评。

把科学验光配镜做到极致

据北京大学 2015 年发布的《国民视觉健康报告》数据统计，我国 13.5 亿人口中有 5 亿属于近视人口，且到 2020 年预计达到 7.2 亿人。我国近视人口的激增，对于眼镜行业来说，显然意味着市场空间的扩大。但看到这样的数据，金增敏内心却带有一丝沉重，他认为，眼镜行业普遍存在的验光、配镜不专业问题，也是导致国民近视度数不断加深的一大因素。

"看得清与舒适的用眼体验之间其实存在不小的差距。如今十分流行的互联网配镜，至少在目前看来并不是一种科学的方案。专业配镜一定是客观检测加上主观判断，需要先进的设备、丰富的从业经验以及不间断的学习来共同实现。"金增敏表示，为了确保验光与配镜的专业性，毛源昌在技术人才的引进与培养上花费了巨大的成本与精力。

"我们引进了许多眼视光专业科班出身的大学生，他们在入职之后需要接受一到两年的职业培训；同时，那些有多年验光、配镜经验的老员工，每年也需要接受三个月的带薪培训以及每个月五期的讲座，学习生理构造、光学知识、选材设计等多方面的理论与实践案例，不断扩充、更新专业知识库，并通过再考核机制竞争上岗。"金增敏语带自豪地说，就业内公认的配镜难度极高的渐进多焦点眼镜（能够解决同时看清远、中、近不同距离的问题）来说，毛源昌的配镜师能够保证95%以上的准确率。

记者观察到，在毛源昌的门店里，员工各司其职，不存在前台、后台由同一个人提供服务的情况。他表示，这样不仅是为了把每个人放在最合适的岗位上，还能促进不同岗位之间的互相监督，确保消费者的权益。

此外，不同于业内普遍采取的当天配、当天取的模式，消费者在毛源昌确定镜架、镜片之后，三天之后才能拿到最终的成品。"这是因为毛源昌眼镜全部由专业工厂加工完成，标准则由毛源昌统一制定，这样一来，人工操作造成的误差就被大大降低了。"金增敏说，"虽然许多消费者对取镜时间长这一点提出过异议，我们仍然坚持这样做，以确保产品的品质。"

让老字号焕发新生机

在当前这个互联网时代，如何让老字号焕发新生机，获取更多年轻消费者的青睐，是众多百年老店面临的问题。对此，金增敏没有固守成规，大胆地推出了不少创新举措。

从树立品牌形象上来说，毛源昌对大大小小的几百家门店进行了差异化定位，有的属于社区店，主要针对35岁以上的顾客；有的属于时尚店，主要针对20到35岁的年龄段，LOGO选用更年轻化的"MYC1862"，采用开架模式方便消费者自行挑选心仪的眼镜；另外还有所谓的精品店，满足高端人群的消费需求。同时，毛源昌独家签约了多国的独立设计师与买手，以求在镜架的款式上紧跟时尚潮流。

对于如今正火热的"互联网+"，金增敏表示，由于眼镜行业对服务与体验近乎苛刻的要求，目前还没有探索出成熟可行的商业模式，但互联网作为一种工具，能够进一步提升线下的服务质量与消费体验，比如通过微信公众号实现线上预约、系统管理会员积分、精准传递折扣信息、点对点提醒顾客到店维修保养等。

"但无论如何，毛源昌在前行与改变的同时不会丢掉自己的根。"金增敏透露，2017年毛源昌将举办"我的第一副眼镜"主题活动，征集杭城市民与毛源昌眼镜的故事，未来还将建立属于毛源昌眼镜的历史博物馆。"前不久一位90多岁的老奶奶亲自把一副毛源昌眼镜送到店里来，别人问她买，3000块她都不卖。"金增敏说，消费者的信任是品牌最大的财富，毛源昌作为一个民族品牌，绝不会丢掉这份信任。

2017年3月1日

赵关祥

与"杭弹"的三个20年

杭州弹簧垫圈有限公司（后文简称"杭弹"）已经45岁了，它经历了时势造英雄的江湖论剑，遭遇过置之死地而后生的十面埋伏，面对接下来可能出现的中年危机，倒比同龄的企业显得更加泰然自若。

作为从17岁开始陪伴企业成长的老朋友，赵关祥对它的感情自是不一般。2017年，他在员工大会上做了一番总结陈词："第一个20年，我们正好赶上了改革开放，时代的浪潮推着我们走；第二个20年，企业从计划经济时代走向市场经济时代，股份制改革为企业注入了新的活力；接下来的20年，将是真正竞争的20年。"

60岁时的杭弹会怎样？赵关祥不喜欢说大话，他能肯定的是，它一定还活得好好的，直到迎来自己的百岁寿辰。

杭州市紧固件行业商会常务副会长
杭州弹簧垫圈有限公司董事长
赵关祥

第一个 20 年：工匠精神打磨产品品质

1979 年，高中毕业的赵关祥进入了自家镇上的一家弹簧垫圈厂，成为一名普通的车间工人。作为一颗小小的螺丝钉，当时的他并没有想到，20 年后的自己会成为这家企业的掌舵者，每天琢磨的是怎样改进弹簧垫圈的制造技术。

"别看弹簧垫圈好像不起眼，它的应用范围很广泛，只要用到螺母和螺栓，就可能需要配备弹簧垫圈，用来防止因剧烈震动引发的紧固件松动。"赵关祥耐心地解释说，"小到每家每户都有的家用电器开关，大到杭州的地铁与铁路轨道，都会用到我们的产品。"

据他回忆，20 世纪 80 年代，厂里的设备都是国产的，复杂的生产工艺决定了生产效率的低下。"1989 年，我们花了 10 万美元买了两台日本设备，还去日本参加了两个月的技术培训。回国之后我们开始自主研发生产设备，采用新材料与新技术制造弹簧垫圈，整套生产流程被大大简化，生产效率与效益得到了质的提升。"虽然这段企业发展史被赵关祥轻描淡写地几句话带过，但杭弹实实在在地为国内弹簧垫圈行业带来了技术性革命，是全国弹簧垫圈行业中唯一参与了弹簧垫圈国家标准起草工作的单位。

由于多年在基层负责技术工作，赵关祥对产品质量的把控有超乎寻常的执着。"产品和设备放在我面前，我一眼就能看出其中的门道，员工根本糊弄不了我。"他坚信一点，只要坚持用工匠精神把产品品质做到最好，客户自己都会上门，又怎会担心没有市场呢？

比如国内某知名电器制造企业就主动找到了杭弹，希望自己的产品都能用上杭弹生产的弹簧垫圈。"一个几分钱的小部件，质量不过关就会造成巨大的损失，甚至威胁到用户的人身安全，他们吃过其中的亏，几经比较最终选择了我们。"

第二个 20 年：10 年反倾销守住北美市场

由于杭弹这几十年来对品质的重视，其产品不仅遍布全国，更是远销北美、西欧、日本等国家和地区。许多人不知道，杭弹是国内紧固件行业最早的出口企业之一，也是如今唯一将产品销往北美地区的紧固件企业，这背后隐藏着一段传奇故事。

1992年，美国一家弹簧垫圈生产企业向中国同行提出倾销指控，以中国是"非市场经济国家"为由，对中国企业裁定128.63%的反倾销税率。在同行都选择妥协并放弃美国市场的情况下，杭弹单刀赴会，首开中国企业应诉反倾销的先河。

回忆起当时的情形，赵关祥站起身，从书柜下的抽屉里翻出一张张泛黄的旧报纸。记者看到，在新华社2002年的整版报道《社会主义市场经济十年间》中，杭弹的反倾销事迹尤其振奋人心："在此后的10年里，这家民办小厂年复一年地提出复议，仅诉讼费就投入了600万元，终于在去年底拿到了零倾销税率，重新进入美国市场。"

赵关祥身上不可思议的毅力与执着，不仅让业界同行与社会公众为之敬佩，也让之后每年到杭弹走访的美国商务部甚至北美同业为之折服。对于自己引发的连锁反应与巨大影响，赵关祥本人反倒有点不好意思了："我当时的想法其实很简单，就是不想失去应有的市场。我们就是做这个产品的，不可能因为做不好就轻易换一种；只要问心无愧，总有一天能证明自己是正确的。"

走向第三个 20 年：直面产品、管理与人才竞争

杭弹的员工们都知道，只要不触碰自家老总的原则与底线，他平日里总是笑眯眯的，亲和力十足。即使镇上不务正业的青年们登门拜访赵关祥，他都会笑脸相迎，顺便以长辈的身份耐心地规劝他们几句。

"如今这个时代是人人平等的时代，老板不是高高在上、趾高气扬的，必须得和员工有共同语言，能进行良性的沟通，他们才会从心里认可你，同时对企业产生一种归属感。"这样的理念可谓贯穿杭弹发展始终，赵关祥说，不同于其他制造业企业的高流动性，在杭弹工

作二三十年的老员工也大有人在。

这种和谐共生的企业文化还体现在赵关祥与杭弹的其他几位股东之间。"我们在 1999 年进行了股份制改造，当时出资的五个股东现在仍然合作得很好，企业的大小事务都会一起商量，碰上重大决策必须说服所有人才会加以实施，大家从来没有红过脸。"他认为，建立现代化的企业管理制度，对企业的长远发展尤为重要。

对于杭弹的下一个 20 年，赵关祥的见解与他的个性一样，显得务实且谦逊："当下的市场竞争是空前激烈的，我们不可能再凭运气或者借助外力，一切都要靠自身实力过硬。"他把未来 20 年总结为"竞争的 20 年"，具体指的是产品的竞争、管理的竞争与人才的竞争。

"产品品质是企业发展的核心，所有百年企业都是用产品说话。杭弹不会盲目扩张业务，仍然会专注于弹簧垫圈的生产，把小部件做出大学问来。管理方面还是要完善现代化的企业管理制度，即使我们老一辈退居二线，也要保证企业的良性运转。人才则是推动企业继续前行的原动力，我们要不断引进新鲜血液，并且给所有杭弹员工一种家的感觉，让他们在企业里待得舒服并且有所成长。"赵关祥说，这是他给所有杭弹人许下的承诺。

2017年4月6日

田建军

用善心与德行筑百年琴美

　　田建军的办公室自成一方天地。"功夫茶"的氤氲茶香中蕴藏着绵深的古意，静伫在书架上的国学典籍饱含着主人崇尚君子之德、古人之风的识见。"春秋战国时期，原本的知己好友因为政见不同各为其主，双方开战前，他们会向对方鞠躬行礼以示尊重，然后毫无保留地投入到战事中去。"田建军在书中与几千年前的古人促膝长谈，论禅悟道，并从中提炼出一套独特的企业哲学。

　　"正风正气正能量""留不下人就留下口碑，留不下钱就留下口碑""技术是生命，服务是寿命，沟通是营养"……一句句被琴美员工奉为圭臬的田建军语录，都是他日日与古人对谈的成果。

　　"义"字为先，以德立身，以人为本，无怪乎有人称田建军为"儒商"。

杭州市美发美容行业协会常务副会长
杭州琴美健康管理有限公司董事长

田建军

"两个女人和 600 元造就了我"
立誓一辈子做美发行业

"'琴美'是我妻子的名字,她带我走进了美容美发行业的大门,让我找到了一辈子热爱的事业。"拨开记忆的薄雾,轻声讲述自己与琴美的故事,田建军神色温柔。

35年前,田建军的夫人陈琴美还是个芳龄17岁的姑娘。她的父亲请人算卦,说琴美命中缺金缺水,而理发这个行当正好一手沾水一手拿剪刀,家中便做主让她学理发。跟随萧山本地一对淳朴夫妻学习了将近一年,聪明又勤快的琴美就出师了,她在西兴镇的老街上租了一间15平方米的小店铺,取名"琴美理发店"。

巧的是,这间店铺刚好在田建军外婆家的对面,他每次去外婆家,总能看到琴美在理发店里忙活。渐渐地,田建军被琴美身上的美好品质所吸引,两人越走越近。"她对理发是发自内心地热爱,一直努力想把自己的手艺练得不一般。"

20世纪80年代,农村的用电量受限,西兴镇每周六都要停电一天。每逢这时,琴美就会骑上自行车去杭州城里的知名理发店"偷拳头"。琴美一边排队,一边观察店里的理发师们怎么做头发,轮到她时就告诉对方她在等人,其实她就是为了尽可能地多学习一会儿。"别看她年纪小,鬼精呢!"

田建军与理发结缘便是因为琴美。他原本是工厂的一名普通职工,眼看着琴美理发店的生意越来越忙,女朋友琴美便劝说他也去学理发。"其实我那时候对理发并没有太大的兴趣,只是想帮琴美做点事,让她不至于这么辛苦。"1987年,田建军去上海拜美发名师刘瑞卿之子刘文俊为师学习理发;谁料刘文俊不久后得病不便亲自教学,便托其父写了一封推荐信,将田建军介绍到了杭州时美美发厅。

这听起来是件好事,田建军却因此陷入了两难境地。"当时的学费是每个月600元,这简直是一笔巨款。要知道,我在工厂的工资是每个月30多块,600元抵得上我近两年的工资。"就在他要打退堂鼓之时，他的大姐与琴美却偷偷替他交了600元的学费。田建军在无奈之余也深为感动，他暗暗在心里发誓："这么贵的学费不能白花，我这辈子都要做美发这行！"

"比比谁的脚更肿"
以客为先助力琴美发展壮大

那段时间，田建军每天早上五点半起床，赶早班车去城区学手艺，晚上八点赶回店里帮妻子打下手。"那段时间连做梦都在剪头发呢！"从主动帮客人理发遭到拒绝，到开始有客人点名让他剪，田建军的技艺得到了越来越多人的认可，这让他在美发这条路上走得更坚定了。

随着理发店的生意越来越好，田建军和琴美自然得考虑更长远的发展。他们迈出了走向县城的第一步——去萧山开店。由于选址缺乏经验，第一家店只开了40天就草草收场。1988年8月25日，琴美萧山城北路18号店开业了，这次一开就是四年。新店开业那天，许多西兴镇上的老顾客骑着自行车，从几公里之外赶去捧场。正是因为这份情谊，店铺壮大之后又回到滨江开了分店，就是要为老家的人们提供便利。也是在城北路这家店，田建军夫妇开始拓展新娘化妆业务，包括化妆、做发型。他们还从广州引进了一批新娘的礼服和婚纱，出租给新娘。

"为了做好这家店，我和琴美两个人非常努力，因为我们仅有的本钱就是年轻，唯一能做的就是更加拼命。"1991年4月23日，田建军带着怀孕8个月的琴美去医院做检查，医院里人很多，店里又有客人在催，田建军便先骑车回去打理生意。路上正好下起大雨，迎面而来的一辆自行车把田建军撞翻了，但直到五天之后他才感觉到膝盖疼痛难忍，这时发现膝关节早已碎裂，只能打上石膏。

当时正赶上"五一"这个好日子，很多新娘的婚纱礼服已经预订，化妆也已经预约。"我们不是为了挣钱，而是必须对新娘子负责，这是她们一辈子最重要的时刻，是因为信任我们才把这种终身大事的美丽打造交给我们。"田建军至今不敢回想那些天是怎么度过的：琴美挺着大肚子给新娘化妆，他顶着厚重的石膏给新娘做头发；每天结束工作之后，两个人的脚都肿得厉害，却还苦中作乐地比较"谁的脚更肿"。

在给新娘化妆的过程中，田建军与琴美发现，有些新娘的皮肤比较干，导致妆容持久度不佳，琴美为此特意前往广州学习皮肤护理，这也是他们从单一的美发业务扩展至美容美发并行的开端。在田建军看来，正是因为这么多年来一直坚持"客人至上"的信念，"琴美"才从一间小小的店铺发展到如今的规模。"萧山老一辈人大都认识我和琴美，因为他们结婚时，新娘都是从我们店里送出去的。"

"热爱、坚持、学习、专一"
不贪心存善心　打造百年琴美

企业在一天天地壮大，田建军感到自己肩上的担子也更重了。2000年，琴美美容美发有限公司正式成立，标志着"琴美"开始走向正规化、系统化的运营管理模式。

"企业从来不是一个人的企业，企业的管理从来不是老板一个人的管理，而是和员工共同发展的。只有我们服务好员工，员工服务好客人，'琴美'才能获得长远的发展。"在成立之初，田建军首先想到的就是解决员工的衣食住行问题。他专门请阿姨做饭，让员工吃得健康安心；他先后建立了培训中心与文化娱乐中心，满足员工的精神文化需求；他请人设计了多功能厅，在那里为每个过生日的员工开派对；他还买下了一栋公寓楼，为员工提供职工宿舍。

每年春节，"琴美"都要把员工的父母请到萧山开联谊会，让他们加深对企业和孩子的理解。"我们要发展家人文化，让员工没有后顾之忧，把公司当作自己的家，和公司共同成长。"

田建军对于"琴美"的员工来说既是慈母又是严父。他一方面发自内心地关心他们，另一方面也用严格的标准规范他们，用正确的思想引导他们。"一个人想要做好一件事，最重要的品质就是不贪心。"田建军说，"琴美"在经营中的最大特点就是"不以卖卡为标准，以手工服务定标准"。在他看来，理发师、美容师本质上是匠人，必须从客户满意度来衡量员工的付出。若是碰到客户希望退卡，田建军要求员工不问原因马上给予办理，然后再征求客户对"琴美"的意见。"留不下人就留下口碑，留不下钱就留下口碑"。

2010年，田建军和妻子陈琴美与湖南青少年基金会取得联系，为当地贫困山区捐款建造了"千丘田琴美希望小学"与"万里琴美希望小学"。此后每年9月，田建军都亲自带队，组织员工带上物资到学校去慰问，通过公益活动培养员工的"善良之心"。他说，员工的善心会渗透到服务客户的过程中去，渗透到自己的为人处世中，进而成为一个好员工、好儿女、好配偶、好父母。

从35年前的一把剪刀、一张椅子、一个人，到今天的琴美健康美业集团，田建军认为，他最大的秘诀就是八个字——"热爱、坚持、学习、专一"。"我们做这个行当是出于热爱，日子越久，爱得越深；我们遇到困难没有退缩，凭借钢铁一般的意志坚持下来；学习已经成为我们的习惯，无论是技术的提高，还是管理水平的提升，都要依靠不断的学习；至于专一，就是我们一直以美容美发为主业，从来没有动摇过。"田建军说，他的目标是打造"百年琴美、榜样琴美"，将这份美丽的事业进行到底。

2017年6月16日

李建文

在快时代做"慢"生意

杭州市美发美容行业协会副会长
杭州萃美贸易有限公司董事长

李建文

《失控》《长尾理论》《免费》《ZERO TO ONE》……如果你在一位企业家的书房里看到这些书，你会怎样猜测它们的主人？

"这么多书你都读过吗？"

"当然，我家里的书比这里还要多。"李建文仿佛有一颗天生的好奇心，他喜欢从书中寻求解开困惑的答案，研究各行各业的商业模式，通过互联网思维将看似盘根错节的问题抽丝剥茧，直至其显露出本质之美。

从一个小小的销售员，到成为国际高端化妆品品牌的中国区总代理，李建文的经历并没有浓重的传奇色彩。在这个唯快不破的时代里，他始终保持着走一步就停下来思考一番的慢步调，用他探索世间万物的秘密的好奇心与化繁为简的洞察力，笃定地朝正确的方向前行。

不计成本的付出赢得信任
与客户相互扶持共融共生

2001年，大学刚刚毕业的李建文，起点并不高。作为一个外省人，他在浙江无根无基，完全得依靠自己尽快站稳脚跟。他虽有年轻人的心高气傲，但并不像许多同龄人那样眼高手低，所以很快就在杭州找了一份包吃包住的工作，做起了专业美发品牌施华蔻的销售工作。

别看施华蔻如今已经是各大发廊沙龙必备的高端美发产品，十多年前它才刚刚进入中国市场，知名度远远不及同档次的其他国际美发品牌。再加上消费者的品牌意识尚未觉醒，即使产品品质过硬，大部分发廊沙龙出于成本考虑，也不愿意进货。为了拼业绩，李建文给自己定下了目标：每天比别人多跑五家客户。与其他的销售员不同，他没有一味紧盯杭城的大型发廊，反倒瞄准了那些规模不大、尚处于起步阶段的小沙龙。

他不喜欢一进门就谈生意，而是任劳任怨地帮这些潜在客户整理货柜、打扫卫生，抱着交朋友的心态与他们唠家常。久而久之，沙龙老板也拿出了真心与他结交，渐渐开始试用他手上的货。凭借这般独特的行事方式，李建文一年后就晋升为公司的销售经理，包揽了整个公司80%以上的业绩。

但这样的业绩看上去光鲜，利润却低得可怜。李建文解释道："因为客户从我这里进一万元的货，我返还给他们的福利一定会超过一万元。"做亏本的生意，老板自然不乐意了，几番提醒李建文"不要这么大方"。对此他并没有妥协："我不想做一次性的生意，希望能与客户相互扶持、共同成长。"

共融共生，这是李建文过去十多年经商的核心理念，从始至终得到了坚定的践行。他将那些一个月只进几千元货的小沙龙当作自己最珍贵的伙伴，不仅提供产品，还提供配套服务，带他们"走出去"接触前沿时尚信息、参加国际美发赛事，将享誉业界的外籍老师"引进来"，为沙龙培训专业技术与品牌意识。当初名不见经传的小沙龙，已经成长为杭城美发界的大鳄，而李建文也成了杭城美发圈都信任的产品供应商。

业绩高点冷静寻求新机遇
两年谈判拿下中国区总代理

自2004年起，随着国内消费者的品牌意识日趋增强，专业美发市场对于高端产品的需求呈现井喷式发展。在如此顺风顺水的大形势下，李建文真正感受到了机会的来临。前期不计回报的付出，更是让他厚积薄发，老客户的订单量稳定增长，许多新客户也循着口碑主动找上门来。李建文的老板对于他的远见卓识深为敬佩，最终决定将施华蔻的代理权完全转交给他，给予他更大的施展空间。

在李建文的经营下，浙江区施华蔻的销售业绩节节攀升，连续八年位居全国首位。但在业绩不断突破高点的同时，他反倒冷静下来，开始思考未来的发展空间与发展方向。"专业美发市场的市场容量不大，天花板不高，接下去的销售额增长会越来越缓慢；而且总部当时一心想把中国市场的量做大，折扣促销力度很大，这样一来就会把价格做乱，长远来看会影响品牌的定位。"

作为一个区域代理商，即使李建文看到了规模的迅速扩大与品牌的长期发展之间存在的矛盾，也必须配合上一级代理商的发展策略，他深感无法掌握话语权的无力。他开始物色具有市场潜力的小众高端品牌，试图从专业市场延伸到零售市场，从美发产品扩展到全品类，从区域代理升级为中国区总代理。

在一次去法国的游学活动中，一个叫贝伊丝的法国品牌引起了李建文的注意。贝伊丝从创立至今已经有70年历史，是欧洲享有盛名的奢护品牌，并且拥有护肤护发、身体护理、彩妆美甲等一系列品类齐全的产品。"它的价格与品质定位与兰蔻、雅诗兰黛相当，但是人群定位更年轻、更小众。"他认为，这样的品牌定位符合国内的消费升级趋势与年轻消费者的个性化需求，定能成为一支"潜力股"。

当他向品牌方表达希望争取品牌代理权的愿望时，遭到了意料之中的质疑：一个区域代理商凭什么说自己能运作整个中国市场？一家只做过美发产品的公司，如何证明自己拥有全品类运作的能力？早已做好充分心理建设的李建文，先后五六次飞往贝伊丝法国总部，向品牌掌门人分析中国的市场形势，阐述为品牌定制的全渠道运营战略。"他们老总认为我与其他代理商相比更加年轻，更有想法、有干劲，再加上尽调结果显示，我所提供的信息都是真实的，就更加深了他对我的信任。"

经过两年的艰难谈判，品牌方终于被李建文的诚意与真知灼见所打动。2013年，他正式拿下法国贝伊丝的中国区品牌代理权，实现了事业的跨越式发展。

全渠道运营注重布局体验
推动自主品牌走出国门

"专业市场更注重技术与服务，而零售市场更注重布局与体验。"李建文用一句鞭辟入里的话总结出了专业市场与零售市场的差异。他坚定地认为，高端品牌必须有与之匹配的渠道布局。他把贝伊丝的品牌概念店开进杭城地段最好的综合体，让那些对生活品质有更高要求的消费者，能够在不经意间邂逅贝伊丝，感受品牌背后的文化。这样的创新模式也获得了品牌方的高度认可。

"如今的综合体不仅仅是购物这么简单，它代表的是一种生活方式，人们完全可以利用工作日午间休息、排队等餐等碎片化时间，享受由我们提供的便捷、专业的头皮护理与面部护理服务。"李建文解释说，只有在体验产品的同时也体验到服务，才能让消费者对品牌产生更强的黏性。

除了进驻高端综合体，李建文还在铺设高端进口超市、美发沙龙、各大电商平台等线上线下的多元渠道。就在上个月，贝伊丝天猫旗舰店正式上线，"它不仅是销售平台，更是市场宣传的绝佳途径"。接下来，李建文打算开放全国加盟渠道，前提是严格筛选加盟伙伴，寻找那些真正懂得体验的人，共同打造属于贝伊丝的品牌王国。"在缴纳一定保证金的基础上，加盟商的所有盈利归他们所有，我分毫不取。"他坦言，目前贝伊丝这个品牌在国内刚刚起步，首要的便是在各个渠道树立标杆，打响知名度，但是他绝不会参与低价竞争，因为价格是品牌的生命线，一旦被打乱、被破坏就再难修复。

同时，李建文还创办了自主品牌蕴诺丝，至今已经平稳发展了五年的时间。品牌的定位、设计、命名以及研发，都是他一手操办，其中寄寓了他"中国制造"的情怀。目前，蕴诺丝已经在欧盟注册，还在全球范围内接洽海外厂商，商谈国外工厂的兼并合作事宜，计划在未来走出国门，发展成为国际高端洗护品牌。

"你能看到竹笋冒尖，但你看不到它在破土的过程中花了多少力气。"李建文说自己是个慢热的人，为了实现更长远的发展，不惜用长达数年的时间来夯实地基。如今，属于李建文的品牌军团已蓄势待发，只待他一声号令，便可气吞山河。

2017年12月5日

陈连飞
让每个完成的项目
为我们代言

杭州市城市照明行业协会副理事长
浙江瑞林景观工程有限公司总经理

陈连飞

　　孔子曰："其身正，不令而行；其身不正，虽令不从。"陈连飞深以为然。

　　"只要自己是一个靠谱的人，坚持做靠谱的事，渐渐地会有越来越多靠谱的人愿意跟随你，愿意与你交往合作。"什么是"靠谱"？他心中自有一杆秤："简单来说，就是诚信、踏实，不以利为先。"

　　陈连飞表示，这不仅是他赠予年轻创业者的箴言，也是时刻提醒自己的戒律，更是他的企业发展近十年来，稳步高速成长的根基所在。

23 岁半工半学白手起家
点亮百年国道为 G20 献礼

打开陈连飞的微信朋友圈，背景墙上有一句话："我是农村来的，请不要对我用套路。"类似这样带点自嘲的调侃常常挂在陈连飞的嘴边。出身贫寒却从不引以为耻，反倒让他磨炼出了铁一般的意志，成为他陷入困境时自我激励的手段。

在创业这条路上，陈连飞是挤不出半点水分的白手起家。自2004年起，他经历了几年半工半学的生活，虽然辛苦，但也充实。令其欣慰的是，23 岁的他已经积累了人生的第一笔财富，铺下了创业的第一块基石。

2008年，陈连飞正式注册了浙江瑞林景观工程有限公司。在最为艰难的创业初期，他单枪匹马、摸爬滚打挺了过去，没有像大多数昙花一现的创业公司那样，成为前仆后继者凭吊叹惜的失败案例。如今公司员工已经有100多人，经手的高规格项目源源不断，但公司仍然处在持续稳步扩张的阶段，其间经营的其他企业也在业内享有盛誉，比如受到众多食客追捧的杭州青莎公园内的隐泉日料餐厅，也是陈连飞一手打造的。

去年杭州 G20 峰会召开前夕，浙江瑞林参与了杭城莫干山路的综合整治工程。这条被拱墅区定位成"开放的城市客厅"的"百年国道"，夜晚有了灯光的映衬，更加凸显出历史与现代感的交融。其中，总长 5.3 公里的大关路至石祥路段是重点亮灯位置，齿轮状的向日葵，铜质的大剪刀，钢管做的大灯泡，见证道路变迁的时钟……错落分布的 13 件工业遗存主题景观小品和 3 个装置，在不同类型、不同角度、不同色彩的灯光下，透出温暖又古朴的气息。

"G20 的亮化改造工程最大的难点，在于工期紧、任务量大。"陈连飞自豪地说，他与团队最终顶住了压力，向甲方与杭城老百姓交出了一份赏心悦目的答卷。同时，在 G20 期间亮化改造的 54 条重点道路中，莫干山路综合整治景观照明工程也成为唯一获得"保俶杯"杭州 G20 峰会专项奖的项目。

高口碑吸引优质客户
坚持做高端精品项目

与掌舵人的个性如出一辙，陈连飞表示，浙江瑞林公司是一家内向型的技术性企业，虽然承接过不少地标项目，但秉承"低调做人、高调做事"的原则，很少在宣传上花费精力。除了"百年国道"莫干山路的亮化工程之外，运河边大气华贵的武林壹号、钱塘江畔动感时尚的杭州印，也离不开瑞林这个幕后英雄的匠心。

有人或许会质疑，这样低调的企业如何在当前激烈的市场竞争中生存？但事实上，所谓酒香不怕巷子深，不少市场型企业要绞尽脑汁地拓展业务，瑞林却能凭借自身的专业与严谨，不断吸引优质客户主动上门寻求项目合作，业界影响力以浙江为中心，辐射至安徽、湖北、贵州、广西等多个省份。

"瑞林是没有业务人员的，过去完成的每一个项目就是我们的'业务员'，它们用品质展现我们的实力与态度，对于工程行业来说，标杆项目的口碑传播会比其他营销方式更有效，也更精准。"同时，在园林、灯光、水景、标示导视等多个细分领域的十几项发明专利，更为瑞林的实力提供了强有力的支撑。

虽然古人也说"天下熙熙，皆为利来；天下攘攘，皆为利往"，但陈连飞坚持只做精品项目。他表示，在客户考验瑞林的过程中，瑞林也在用自己的标准选择客户，无论是对方的企业定位、资金实力还是规范程度，都是必须慎重考量的层面。"大鱼小虾一起抓"只能满足眼前的利益，坚持走自己的路线才是长久之计。

年少得志却不轻狂
筑巢引凤助力长远发展

与陈连飞交谈，大多数时候不会想到他还只是一个出生于 1984

年的大男孩，倒仿佛正与一位充满智慧的老者对话。人们常说"年少得志易轻狂"，但在他身上，却能看到同龄人少有的沉稳内敛。

"人的一生无外乎要经历三个层次——生存域、生活域、精神域，在满足基本的生存需求之后，就想追求更有品质的生活，进而探索更高层次的精神世界，希望能够在创造社会价值的同时实现自我价值。"他坦言，十年前的他主要考虑的是怎样才能让自己生活得更好，如今背负着多个公司几百号人，甚至可以说是几百个家庭的责任，必须走得更坚定、更稳健，才能让企业的发展更为长远。

在瑞林成立之初，陈连飞曾为企业制定了两个阶段性目标，如今，这两个目标都已提前并超额完成，但他一直认为自己仍然处于积累阶段，还是得不急不躁地走自己的路，坚持稳步前行。2017年，瑞林的十周年目标也将基本达成，他心目中体制健全、流程完善的现代化企业已臻成熟。

"我希望，公司发展到第十个年头，能够在团队建设、业绩作品、资金沉淀、社会关系等软件层面有扎实的积累，在设计资质、工程资质、办公场地等硬件层面也有过硬的实力，同时结合公司发展情况进行融合创新，为下一个十年的发展奠定坚实的基础。"陈连飞的笑容中透着自信与笃定，"所谓筑巢引凤，只要把巢筑得又漂亮又结实，何愁凤凰不到这棵梧桐树上栖息呢？"

2017年6月23日

陈成庄

让理财成为生活方式

米庄理财的创始人陈成庄是个球迷——真球迷，不仅爱看球，还爱踢球。习惯踢前锋的陈成庄，常常站在球队进攻的第一线，主要任务是向对方发起猛烈进攻，争取得分，这让他深谙唯快不破的道理。

2014年6月，陈成庄与合伙人启动分期消费项目爱又米（原爱学贷），三个月之后验证了商业模式的可行性，一年内完成三轮融资；2015年5月，他再次成为创业项目米庄理财的负责人，不到三个月时间，累计交易额成功破亿，并在2016年结束的时候实现了盈利。

"互联网金融行业其实没有很高的行业壁垒，坚持每天比别人多做一点，为客户想得更多一点，0.99与1.01之间的差距将是无限大。"陈成庄说，互联网金融的最终方向一定是普惠金融，而米庄理财的愿景是为普通百姓提供一种安全、高效、便捷的理财渠道。

在对方阵营的"球员们"还没有意识到威胁的临近时，陈成庄就以迅雷不及掩耳之势进了一个漂亮的球。如今，米庄理财已经积累了60多万的用户，交易额突破150亿元。

杭州巷南商会常务副会长
米庄理财创始人兼CEO
陈成庄

一场世界杯碰撞出创业火花
高配置团队也要摆摊发传单

陈成庄大学学的是信息管理与信息系统，简单来说，他本应成为一个"码农"的。事实上，他也曾是一名出色的高级软件工程师。但显然，在人生这个偌大的球场上，他并不满足于防守阵地的安稳，而是更享受冲锋陷阵的激情。

2011年，他进入隐形支付巨头连连科技，完成了支付、结算、风控等业务领域的经验积累，并成为连连支付跨境业务的发起人与产品负责人；此后再次出发，辞去已经驾轻就熟的高薪工作，加盟了当时还处于初创期的铜板街。这些经历让他真正深入互联网金融腹地，成长为能够独当一面的领军人。

"我与钱志龙是通过一场世界杯认识的，看完几场球赛之后我们就把爱又米这个项目敲定了下来。"陈成庄回忆说，在他刚接触支付项目的时候，作为支付宝核心创始人的钱志龙已经是行业内颇有影响力的人物。共同的兴趣与梦想，让两人一拍即合并且一同创业。

2014年，陈成庄开始自己第一次真正意义上的创业。"当时团队里只有五个人，但都是在各自领域里从业十年以上的'老炮儿'，绝对算得上是高配置。"他开玩笑说，为了考察目标用户是否接受分期消费这样的模式，大家做了一些很接地气的事。"我们带上几台苹果手机，去下沙高教园区摆摊，告诉学生手机可以马上拿走，钱分几个月付就行。听起来很像骗子，但我们发现的确有不少学生有这样的需求。用这样原始的方式发了三个月的传单之后，交易额已经达到了300万元。"

于是，到了2014年9月，陈成庄与团队就大胆上线了自主研发的产品。有了前期的充分准备与团队的"豪华"配置，"爱又米"一上线就顺利拿到了天使轮融资，并在三个月后迅速完成了4000万元的A轮融资，业务范围也从杭州扩展到了全国十多个省市。

二次创业自建理财平台
每天花两小时与用户聊天

前端的需求解决了，后端的资金流动该如何保障，这快速成为三大分期巨头之一的爱又米不得不考虑的问题。

"分期平台一般有两种选择，一种是将其资产打包出售给理财平台，另一种则是自建理财平台。就像电商平台希望能自建物流体系一样，以实现内部资产的良性运转，打造完整的生态金融循环链。"陈成庄表示，创立米庄的初衷一来是看到了目前投资理财渠道匮乏的痛点，二来正好爱又米的消费分期资产可以满足新平台的资产需求。

"当时我身边许多人都觉得做理财并不是一个好选择，因为那段时间股市很好，大家都跑去炒股了。但我认为这从本质上说明了理财的市场需求旺盛，投资渠道却很少，尤其是无法满足普通百姓小额分散的理财需求，他们只能选择股票这种高风险的方式进行财富管理。"充分洞察用户需求之后，陈成庄找到其他三个志同道合的小伙伴，在浙江青创学院的一间教室里开始了自己的二次创业。

米庄理财的初始版本是微信上一个简单的 H5 页面，提供一到三个月的短期理财产品，通过熟人裂变的模式，积累了 1000 位种子用户。在陈成庄看来，这些用户是米庄理财最宝贵的资源。

"我在微信上主动加了许多用户，每天都要花两个小时跟他们聊天，听听他们对米庄的产品与服务的想法，越挑剔的客户我越喜欢。"他随手打开一个微信对话框，一条洋洋洒洒的用户留言立即跳了出来。认真阅读并回复这样的留言已经成为他的日常功课。同时，他也要求"米庄"的客服提供一年 365 天的全天候服务，及时、积极地响应客户投诉。

陈成庄表示，整个米庄理财的产品研发与运营体系都是绝对以用户为导向的。"我相信，很少有公司能做到像我们这样，周会第一件事讨论的一定是客户的问题，而不是内部管理的问题。"他认为，米庄的团队时刻都在拷问自己：如果我是客户，我愿不愿意买这样的理财产品？

围绕以用户为核心的原则，陈成庄还坚持用"空杯心态"，对米庄的内部结构进行不断的复盘反思与自我否定，在降低沟通与管理成本的同时，促进产品快速迭代。据他透露，最近米庄刚刚完成了第二次内部调整，试图打破固有的利益结构，帮助团队更加聚焦业务，使产品与服务更好地契合市场发展。

动态管理系统实现科技风控
坚持人才引进与团队建设

在2017年的两会期间，李克强总理在政府工作报告中表示，当前系统性风险总体可控，但对不良资产、债券违约、影子银行、互联网金融等累积风险要高度警惕。这已是政府工作报告连续四年强调互联网金融，预示这个正值风口的行业必然面临越来越严格的监管，合规发展与风险控制将成为不变的主旋律。

陈成庄认为，米庄理财有风险控制上的天然优势，消费金融资产的特点是小额分散，风险被大大分摊。同时，米庄从一开始就采用线下风控和大数据结合的模式，自主研发动态管理系统，通过对几百项风控维度进行实时测算，在数据分析的基础上进行科学决策。

举个例子，投资人在买入爱又米的债权之后，就可以看到学生每天的动态，包括学生基本信息、学生贷款逾期情况及学生每月资金的回款情况。"米庄最大的特点就是透明合规，一切交易信息都会真实地向用户披露。"陈成庄表示，未来米庄的后台系统将进一步升级，不仅能展现现有的资产动态情况，还将通过大数据与人工智能技术实现逾期率的预测。

"我们希望通过科技金融连接消费和生活，让理财真的可以成为一种生活方式，让老百姓轻轻松松地实现财富管理。"米庄这两年的飞速成长，陈成庄将其归功于自己身后充满创造力与服务意识的年轻团队。在他看来，要实现更加长远的目标，关键还是继续吸纳各方面的人才，与团队一起把"小米仓"做成"大米庄"。

2017年3月10日

陈志福

用一辈子钻研生活环境艺术

谈及从事了 20 年的行业，陈志福的言语间充满了温情，就像说起陪伴自己多年的老友：

"从一定意义上来说，装饰是与人体最接近的行业，比如你每天早上起来的第一件事往往都是坐到抽水马桶上，你的皮肤与它一定会有亲密接触，可见好的环境能够大大提升生活品质。"他微笑着说，"装饰也是值得用一辈子去钻研的生活环境艺术，造一栋楼是百年大计，但装饰经过五到十年一般就需要翻新，这意味着里头有极大的迭代创新空间，吸引你不断去探索。"

出于这份对装饰的热爱，陈志福在艰难的创业岁月里坚持了下来，把世贸装饰打造成为建筑装饰业界的一块金字招牌。2016 年，世贸装饰的营业额已经达到了 10 亿元，而陈志福计划带领世贸装饰布局全国，进军全装修市场。

浙江世贸装饰股份有限公司董事长
杭州苍南商会常务副会长

陈志福

杭城现代化建设的见证人
用 20 年打造优质品牌

回忆当年选择建筑装饰行业的原因，陈志福笑称是因为自己"又土又木"的气质。

1987 年，他从高校的工业建筑与民用建筑专业毕业，被分配到浙江省建设投资集团工作。从画好每一张图纸，到成为第一线的施工技术负责人，陈志福的身上展现出的不仅有年轻人的激情与干劲，更有"老炮儿"的沉稳与严谨。

"装饰从本质上来说就是建筑的一部分，最初也只是建筑的一个细分专项，后来逐渐受到了行业的重视，形成了独立的部门甚至公司。"20 世纪 80 年代初，浙江省建设投资集团成立了杭州最早的建筑装饰公司——武林装饰，而陈志福正是这家公司的骨干成员之一。从政府大楼、医院，到酒店、银行，那几年他几乎参与了杭城所有标志性"楼堂馆所"的建设，可以说是杭城现代化建设不折不扣的见证人。

1994 年，浙江世贸中心开始筹建，这是当年被评为"浙江省十大标杆建筑"的建筑，体量大、档次高，业主单位四处物色优秀的装修总监。通过省政府推荐与层层考核选拔，陈志福这个年仅 30 的年轻人最终脱颖而出，得到了让前辈们都梦寐以求的机会，得以在更广阔的平台上施展拳脚。

浙江世贸中心于三年后正式完工，一时风头无两，而陈志福也在杭城装饰业界树立了不小的声望。1998 年，他就在这座由自己参与打造的大楼里创立了世贸装饰，并在 21 世纪初响应国家号召对企业进行了私有化改制，将这个品牌的生命力延续了下去。

最初只有 4 个成员的小团队，如今已经发展成 400 名员工的成规模企业，陈志福的话语间有万般感慨："当初有许多同事跟我一样下海做企业，但坚持把企业做成品牌的大概只剩下我一家了。"

追求品质稳居公装一线
开拓展陈装饰特色路径

据统计，2016年我国建筑装饰企业总数在13.2万家左右，行业整体呈现鱼龙混杂的状态，大部分企业是不具备专业资质的"游击队"，真正具备资质的装饰企业并不多。

而世贸装饰自创立之初就实行规范化、专业化运营，先后取得了建筑装修装饰工程专业承包、建筑幕墙工程专业承包双一级资质，以及建筑装修工程设计专项、建筑幕墙工程设计专项双甲资质。陈志福表示，要成为公共建筑装饰领域的"一线选手"，过硬的资质是重要的衡量标准之一，代表着一家企业的资金、团队、经营业绩等全方面的综合实力。同时，世贸装饰还被评定为"中国建筑装饰行业百强企业"，在品牌影响力上受到了业界的普遍认可。

"品质是品牌影响力的基石，只有把每一个项目的品质都做到极致，客户才会信任你这个品牌。"除了一如既往地追求品质之外，陈志福解释说，相比于家装领域，公装服务的对象是政府部门或者大型企业这样的B端，他们必然会比C端客户更理性，更考验建筑装饰企业对成本的控制能力以及在限定期限内交付的执行力。而这样的能力显然需要企业在长期实践中积累丰富的经验，无形之中提升了行业门槛。

常言道，企业家的思想高度决定了企业的高度。作为世贸装饰的掌舵者，陈志福不常待在公司，反倒乐于辗转全国乃至全世界各地，探索建筑装饰领域的前沿应用，吸取先进的装饰理念，并在企业的项目实践中大胆创新。"比如我们在与浙江省建筑科学研究院合作的项目中，尝试安装了可实现太阳能发电的幕墙，提倡环保绿色的建筑装饰理念；我们还在一些工程中开始用机器人代替人工完成高空焊接这样的危险作业，最大程度上避免安全事故的发生。"

除了常规的室内装饰与幕墙装饰，世贸装饰还在展陈装饰领域开拓出了一条特色鲜明的路径，杭城颇具标志性的西湖博物馆、中国茶叶博物馆、南宋官窑博物馆等就出自世贸装饰之手。对此陈志福津津乐道地说："这块市场虽然不大，但是很精，需要深厚的文化底蕴与出色的创意能力。我们依托于浙江大学历史系的专业背景，每年在全国各地打造几十个展陈项目，希望将来有机会把这种模式输出到国外去。"

"许多人认为国内的建筑装饰水平远远不及国外，这样的论断在十年前有一定道理，但现在已经完全过时了。"他颇为自豪地说，国内装饰行业近年来无论是产品还是设计理念，都已经赶上甚至超越国外的步伐，只是消费者的观念尚未转变过来，国人在日本疯抢的马桶盖其实是国产的就是一个很好的实例，世贸装饰也希望能成为优质国产品牌的助推器。

把学习当作终身事业
进军全国全装修市场

与人的成长相似，企业发展到每个阶段都会遇到不同的瓶颈与困惑，这时候就需要优秀的领航者指明方向，找到正确的出口。作为技术型人才，陈志福坦言自己在企业创立之初不擅经营，只懂得一心一意地把手上的项目做好，导致业务进展缓慢，他笑称当时"简直就像画家开画廊"。

在最迷茫的时候，陈志福没有看轻自己，也没有心生退意。他每逢周末就辗转各大高校进修管理类课程，在夯实理论基础的同时，通过企业的管理实践提升统筹布局的能力。"做企业是长期消耗战，每个阶段的方法论都是不同的，必须不断充电学习，不断用新思路击溃旧模式。"在他看来，学习也是一个企业家的终身事业。

在企业发展到当前的规模之后，陈志福又开始思考新的发展方向。2016年9月，浙江省出台土地新规，规定从10月1日起，全省、县中心城市或城市核心区出让或划拨土地上的新建住宅，全部实行全装修和成品交付。这样的政策对于建筑装饰行业来说意味着新的机遇和挑战，也将是一次新的洗牌。

"如今装饰行业的竞争非常激烈，城市建设已经进入平稳期，公装市场逐渐接近饱和，全装修领域会成为装饰企业的必争之地。"陈志福向记者透露，世贸装饰也在为进军全装修市场做准备，开始全面调整企业内部架构，大刀阔斧地砍掉一部分业务线，将精力聚焦到最有优势的业务模块上，力求在几个细分领域达到顶尖。

2016 年 2 月，世贸装饰正式挂牌新三板，实现了资本化运作。陈志福表示，这也是企业计划在全国范围内布点开拓全装修领域的重要一步，未来也会考虑与资本对接，争取在全装修领域迅速占领市场。

2017年4月21日

蔡祖明

豆腐"心学"致良知

祖名豆制品股份有限公司董事长　杭州市工商业联合会执委　蔡祖明

　　去"祖名"采访的那天，是个天朗气清的秋日。蔡祖明与公司的其他几位高管在食堂共进午餐，一桌十个菜，其中有三个菜以豆制品为原料制作——家常豆腐、红烧素鸡、肉末臭豆腐。可想而知，食材来源于祖名自家的生产线。

　　蔡祖明进食的速度与他说话的速度一样快，转眼间饭碗就见了底。他也不"恋战"，干净利落地放下碗筷，一边擦嘴一边指了指那三道菜，让记者多尝几口。

　　"其实我知道，豆制品的味道差别不大，你平时肯定尝不出哪道菜用的是祖名的产品。"这句话说得在理，但它出自一位豆制品生产龙头企业的老总之口，有点不照常理出牌，怎么着也得夸一夸自家的更好吃吧。蔡祖明好似听到了记者心中的疑问，他爽朗的笑声可比肩秋日长空之高远："虽然你们吃不出来，但我心里最清楚，我的豆制品里头没有加任何不该加的东西，它绝对是健康营养的绿色食品。"

自我篇："卖豆腐"卖出幸福感

蔡祖明近来迷上了王阳明的心学，与古人做了一回知音。过去20余年经营企业遇到的困惑不解，似乎一下子就迎刃而解了。

孟子曰："人之所不学而能者，其良能也；所不虑而知者，其良知也。"《大学》中也有"致知在格物"语。王阳明认为，"致良知"就是将内在良知推广到事事物物，实现知行合一。"致良知"，就是蔡祖明坚守几十年的人生信条。

从事豆制品行业这样的"良心产业"，若没有蔡祖明这样的"道德洁癖"，或许真难抵挡市场上屡禁不止的"三无"低价产品的冲击，半推半就地做出一定程度的妥协。但对于同行来说微不足道的妥协，对于蔡祖明来说，就是放大镜下的芝麻，不光扎得眼睛疼，还能疼到心里去。

如今的蔡祖明一讲起豆制品，就满面红光。早在1816年，清仁宗嘉庆二十一年，蔡祖明爷爷的太爷爷，就开始做豆腐了。但蔡祖明当初决定走"卖豆腐"这条路子时，还当过两次"逃兵"。他初中毕业后，既不想倒腾豆腐，又不甘心面朝黄土背朝天地干农活，一门心思只想赚大钱——青春期男孩的梦想总是带着不切实际的霸气。他先后学过木匠、做过的哥，最后还是回归到了"卖豆腐"这条正道上来。

这背后并没有多少"时势造英雄"的味道，更多的是他从父亲及自己妻子身上看到了，专注把"卖豆腐"这一件事做好，也可以让家人过上幸福安稳的生活。

1994年，萧山的国营豆制品厂倒闭了。在社会上已摸爬滚打多年的蔡祖明意识到商机来了：萧山这么大的一块地盘，总不能没有豆腐厂吧？于是，他与妻子在西兴镇北塘河边承包了两亩地，买了几台磨浆机，把豆腐厂风风火火地办了起来。当时的他也没有想到，这家比手工作坊好不了多少的豆腐厂，能在20多年后发展成为能"磨"出300多种花样，产品远销美、英、德、澳等10多个国家，一年创造出近 10 亿元产值的全国大型豆制品生产企业。

受到"致良知"的启发，蔡祖明在祖名内部提出了全新的经营理念："为追求全体员工获得精神、物质两方面幸福的同时，为人类健康做放心品质豆制品贡献终身。"他要求每一个员工都必须发自内心地热爱豆制品行业，将它当作自己的终身事业，"只有热爱才能把手头的每一项工作都做到极致"。祖名自然也会相应地回馈员工，在企业发展的同时保障员工利益，让他们收获精神与物质的双重幸福。

客户篇：大棒萝卜一起下

豆腐相传是在公元前 164 年，由汉高祖刘邦之孙——淮南王刘安所发明。这样算起来，豆制品行业已经有两千多年的历史了。但在蔡祖明眼中，这个古老的行业依然没有做大做强，做到让老百姓真正放心。即使自家生产的豆制品已经覆盖杭城的大街小巷，被端上了千家万户的餐桌，蔡祖明对整个行业的现状仍存忧思。

"生产环境脏乱差的豆制品小作坊普遍存在，许多小餐馆、快餐店只在乎产品便不便宜，不在乎产品健不健康、安不安全，还嫌祖名的产品容易坏。他们不想想，如果不是加了东西，天然豆制品怎么可能长时间不坏呢？会坏才是正常的！"说这番话时，原本背靠沙发的蔡祖明不自觉地直起了身子，用手指有力地敲击了两下茶几，显然有些愤慨。

早年间，杭州一家豆制品厂曾经"杀"入蔡祖明卖豆腐的农贸市场，每箱豆腐只卖 13 元，比他的豆腐整整低了 5 元，短时间内抢走了一大批经销商。如果祖名把价格降到跟对方一样，就意味着亏本。正当他束手无策时，却发现那些经销商又一个个都回来了。原来，那家豆制品厂因为压低价格，所以采用了劣质的豆子，导致豆腐放一天就坏了。而蔡祖明坚持用最好的豆子，所制作出来的豆腐可以安全存放两天。这样的经历，更坚定了他用品质说话的决心。

两年前，有消费者去农贸市场买豆制品，发现一些店铺虽然挂着祖名的招牌，里头卖的却不是祖名的产品，为此祖名收到了许多顾客的投诉："明明买的是你们的产品，怎么会是这样的品质？"吃尽这样的苦头，蔡祖明开始加强下游渠道的管控整改。

他先把那些做豆制品生意的店家都叫到企业来，给他们上了一堂课。"做人、做生意最重要的就是凭良心，你们冒着风险去卖那些加了防腐剂和添加剂的低价产品，如果老百姓吃了，出了问题，那就是你们害的！你们的良心过得去吗？"蔡祖明对他们大棒萝卜一起下，"你们既然挂着祖名的牌子，就证明你们相信祖名的品牌信誉度。只要缴纳一定的保证金，与我们签订协议承诺只销售祖名的豆制品，我们就会帮你们装修门面、提供冷柜，确保你们无后顾之忧。"

如今，祖名已经培养了一大批这样的忠诚客户，消费者只要认准店铺内"为老百姓送健康豆制品"的许可证书，就能确保自己买到的都是正宗的祖名产品。

企业篇：慢下来是为了走得更远

眼看着企业的发展蒸蒸日上，蔡祖明却在过去的五年中刻意慢下脚步，以旁观者的视角审视自身存在的漏洞："慢下来是为了走得更远。"

从原料采购、车间生产、配送再到产品销售，祖名建立了全流程ERP系统，对每一个环节进行实时监控与数据分析，实现产品质量信息追溯，并通过精细化管理提升中间效率。另外，祖名斥资数千万元改造原工厂的治污设施，并在建设安吉新工厂的过程中引进先进的污水处理系统，在企业发展的同时更好地承担社会责任。工厂排污口养了不少鱼，它们都是环保事业的见证者。

在销售端，祖名更是追赶上了"互联网+"的浪潮。客户通过手机APP就能完成在线下单、在线支付，摆脱了"一手交钱、一手交货"的传统交易方式。

在蔡祖明的带领下，祖名也开始在更大的平台上传播自己的理念，展现自身的力量。2016 年 2 月，祖名正式被批准在"新三板"挂牌，成为中国豆制品行业"第一股"。2016 年 9 月，祖名公司更是作为杭州 G20 峰会官方指定的独家"G20 峰会豆制品食材总仓供应企业"，向世界展示中华豆制品的风采。

"我们希望通过资本的力量，推动行业的开放合作与企业兼并重组，让每个老百姓都能参与到豆制品行业的发展进程中来，共同见证与推动这个古老行业的新生与繁荣。"蔡祖明表示，未来将坚定立足于豆制品这个"良心产业"，力争实现"立足长三角，面向全国，走向世界"的战略目标，继续引领中国豆制品行业的发展方向。

2017年11月9日

谢炳松

酒中有真意 细品才知味

当代著名作家汪曾祺曾说老人有三乐："一曰喝酒，二曰穿破衣裳，三曰无事可做。"在其女汪明的记忆中，酒是汪老"闪光的灵感的催化剂，酒香融散在文思泉涌中"，称其"做酒仙时，散淡洒脱，诗也溢彩，文也隽永，书也飘逸，画也传神"。

汪老对于酒的看法，倒与浙江捌益久食品有限公司董事长谢炳松颇为契合。谈起当初为什么扎进酒业，一泡八年，他言道："中华五千年就是一段飘散着酒香的历史。有酒就有故事，从王公贵族到平民百姓，开心时饮酒助兴，不开心时借酒消愁，酒就是我们精神上的润滑剂。"

奇的是，别看谢炳松能将酒文化说得头头是道，他爱酒却不擅饮酒。"我希望能在整个酒业传播一种酒文化，让人们不再追求喝饱酒、喝醉酒，而是能将酒喝出滋味、喝出品位。"

杭州市上城区工商业联合会常委

浙江捌益久食品有限公司董事长

谢炳松

做酒水产业链的桥梁纽带
以心交心收获客户信任

酒水行业，作为一个古老的行业，在我国不仅有广阔的市场基础，更有深厚的文化积淀。经历上千年的历史沿革，酒水行业形成了一条完整的产业链，从酒水的生产制造到终端销售，每个环节上都由专业的人做专业的事，保证产业链的顺畅高效运转。而谢炳松经营的捌益久，正处在产业链的中间环节，在上游酒厂与下游销售渠道之间架起了一座牢固的桥梁。

谢炳松表示，捌益久目前在杭州范围内拥有上万家下游客户，具体包括下级批发商以及各大酒店、超市卖场这样的终端零售商；同时还与线上渠道合作，为天猫、京东、苏宁等主流电商平台供货。

这样一家似乎不显山露水、行事低调的企业，去年的营收达到了2亿元，这让一些同行百思不得其解："只是充当桥梁纽带的作用，凭什么上下游就非你不可了？"

谢炳松说，在创业初期，他也曾困惑于类似的问题。在激烈的行业竞争中，自己也只是一个后来者，怎样让下游客户接纳自己？"毕竟只要掌握了下游渠道，上游厂商便会主动依附。"为此，他遭受了不少白眼与冷遇。有一回他去拜访一家由夫妻经营的小型批发部，两人二话不说将他扫地出门，挑明了不愿与他合作。但谢炳松没有因为客户小就轻易放弃，自此他时常登门拜访混脸熟，还帮夫妻俩装卸货物，可谓是任劳任怨。久而久之，夫妻俩自然觉得谢炳松是个实在人，把他当成了值得信任的合作伙伴甚至亲近的朋友。

"发展客户最重要的就是建立情感联系，以心交心。我今天与你交心，并不是想占你的便宜，当然你刚开始或许会怀疑我的用心，但时间长了，一定会认可我的人品，愿意与我深交。"谢炳松拍了拍自己的胸膛，笑着说，"就拿酒水来说，如果你产生了这样的需求，又觉得我比别人更加信得过，反正都是要买，为什么不在我这里买？"

虽然深知交心的回报周期很长，但谢炳松以此为从商的原则，并以此为乐。"古人云，凡伐国之道，攻心为上，攻城为下，可见交心之威力。但交心不只是一种策略，如果你没有付出真感情，别人是不会被你打动的，所以把每一个客户当作朋友来对待，自然就战无不胜了。"

建立严格的品控管理机制
为电商解决"最后一公里"

2016年，捌益久脱颖而出成为杭州G20峰会的酒水供应商，在峰会召开期间负责主会场的酒水供应。由于峰会期间出色的表现，企业更是在2017年获得了"全国商业质量品牌示范单位""国家级放心酒工程示范企业"等荣誉称号。

发展客户得交心，想要长久地维持客户，就得靠品质与服务过硬了，这也与捌益久的内涵相契合：和则两益，只有共益才能长久。谢炳松告诉记者，捌益久对上游建立了一套严格的品牌筛选机制与品控管理机制。"我们作为中间环节，必须做好品质把关，为终端的消费者负责。"随着企业经营规模的不断扩大，捌益久逐渐把代理范围锁定在几个市场影响力与信誉度都很高的酒水品牌，通过内部品控团队到厂区实地考察与多番研讨，并在终端消费者中间进行口味盲测，才最终确定是否与该品牌建立长期合作，以及是否销售该品牌旗下某个品类的酒水。

除了重视品控，捌益久还深度参与到产业链运转中去，为上游企业提供酒水的仓储物流服务，尤其是帮助电商企业解决"最后一公里"的难题。2013年，拥有敏锐市场嗅觉的谢炳松，紧跟"互联网＋"电商的发展趋势，自建线上酒水商城。但苦心经营两年后，商城的流量与实际销售状况都不理想，他果断放弃自营电商平台，转向依托成熟的电商平台进行产品销售。

谢炳松对电商模式进行了深刻的剖析："任何全国性的电商平台，如果在每个省市都自建仓储、自营物流，不仅成本太高，效率也很低。若是由我们这样的区域经销商为他们解决'最后一公里'的配送问题，作为线下端口为供应链提供配套服务，他们何乐而不为呢？"目前，捌益久已经在杭州各个区县建立了十几个小仓，拥有20多辆物流车辆与近70个配送人员，后续还将继续扩大规模，融合外来车队进行统一管理。

谢炳松希望效仿欧美零售业模式，未来做到对所有上游酒水品牌进行统一进货、仓储与配送。"厂家运送单品到下游，与我整合配送100个品类到下游，成本优势显而易见。我们的核心价值就在于掌握线上线下全渠道，为上游的产品销售节省中间成本，同时为下游的终端消费者把关产品品质。"

创新"酒银行"模式
打造全新的酒文化体系

"早些年在生意场上或者朋友聚会，许多人都追求'感情深一口闷'，即使不擅饮酒也要舍命陪君子。如今人们的观念转变过来了，薄酒一杯并不减深情厚谊，更多的是提倡喝得少但要喝得好，喝出自己的身份与品位。"在消费升级的背景下，谢炳松正在重点打造全新的酒文化体系。

根据嘉士德公司对近30年6种投资项目累计回报率的统计表明：钻石为1.49倍，黄金为1.68倍，中国瓷器为16.67倍，古典名画为16倍，而顶级名酒则为37.69倍。陈年白酒作为一种新兴的收藏品，吸引了越来越多的老百姓也加入酒类收藏的队伍。但是他们中的大多数对于如何辨别名品白酒的真伪，如何在收藏过程保持白酒的最佳品相，以及如何找到正规的回收渠道等专业问题都是一知半解。

"一瓶陈年白酒品相的好坏，直接影响它的收藏价值。"谢炳松介绍说，酒瓶瓶体破损、瓶贴不完整、瓶口封膜开裂、瓶内酒液挥发等，都会降低该瓶白酒的价值，但这对于非专业收藏人士来说，却很难完全避免。为了让酒类收藏爱好者无后顾之忧，他提出了"酒银行"的概念：消费者若是在捌益久购买白酒，并且有收藏意愿，便可将没喝的酒储存在捌益久的专业酒窖中；酒的主人随时可以将酒提出并返卖给捌益久，年份越久，回收价格就越高。

再拿红酒来说，谢炳松正在通过定期举办高端红酒品鉴会，来推动红酒文化的传播。他专门邀请业界知名的红酒品鉴师，为红酒爱好者讲述红酒背后的学问，同时也为高端人士提供轻松社交的环境。

谢炳松的愿景简朴但深远："我希望能够将真正的酒文化，推广到社会各个阶层中去，并通过'酒银行'、品酒会这样的新模式来回报消费者，传承发扬中国传统酒文化中重德明礼、人际和谐、浅饮养身的精髓。"

2017年11月3日

俞宸亭

开好医治人心的大药房

杭州市下城区工商业联合会
桐荫堂堂主
俞宸亭

　　置身于桐荫堂，仿佛灵魂都被浓浓的书香浸润，一门之隔的红尘俗世倏尔远去，身体里的浮与躁就像被一只无形的手缓缓地抚平了。

　　久闻俞宸亭其名，"旗袍女作家"的形象在脑海中根深蒂固，便先入为主地认为此女一定柔情似水，极尽婉约。直至她迈着风风火火的步子走近，干脆利落地招呼你坐下，迸出一番"大珠小珠落玉盘"般的妙语，你才会意识到自己错了。

　　这个江南女子的柔情不在样貌容颜里，而是在风骨中。"杭州市政协叶明主席曾经送给桐荫堂一句话，让我们'开好医治人心的大药房'。这么多年来，我们坚持一边做原创，一边做公益，正是因为我们希望自己成为人心的根治者，希望尊重与被尊重，温暖与被温暖。"俞宸亭说。

与城建文学结下深厚渊源
每年创作50万字见证城市生长

俞宸亭与城建文学之间的深厚渊源，大概只能归结为天意。

中专毕业后，园林绿化班出身的俞宸亭，被分配到杭州园林文物局地处城南的凤凰山管理处工作。从小爱跟文字打交道的她从事的也正是文案工作，发表的第一篇文章就与城市建设有关，是20世纪90年代初发在《钱江晚报》上的小通讯，说的是玉皇山七星缸景观的重新恢复。

从此，俞宸亭对城建的文思就一发不可收。从"杭州倚湖而兴、因湖而名、以湖为魂"中的西湖，到"浓抹人文，淡妆生态"的西溪，再到"写不尽道不完古韵风情"的运河，纸笔成为她见证杭州这座美丽城市的成长，抒写"生于斯，长于斯"之乡情的最佳载体。

到了21世纪初，俞宸亭决心"以耕字与行走作为人生的方式"，名字里的"婷"也改作了"亭"，更是与城建之气象暗合。她的行文风格不似寻常女儿家那样总带一些脂粉味，反倒透出一股隽永洒脱的男儿气概。最奇的是，她将精深晦涩的专业知识转化为通达优美的散文语言，创作出一篇篇灵动又不失严谨的城建文学作品。

"创作之前我都会去现场，仔细观察建筑周围的景致，了解其背后的历史底蕴，探索人与物在不同环境下呈现出的特质。同样是桥，西湖的桥与运河的桥就大不相同。"俞宸亭对城市景观的描摹就像在画一幅鸟瞰图，寥寥数笔，神韵皆出，同时兼具人情与温度。业内人士观其文便知出处，"城建女作家"的名号也就此在杭城传播开来。

十多年来，俞宸亭每年坚持创作50万字，若是深夜灵感来了，写到凌晨三四点是常事。在她看来，与文字编撰成册的成就感相比，身体的疲累已经微不足道了。

文人转型文创企业家
生产一家人的原创文学作品

经历近八年的职业作者生涯，2011年，俞宸亭由文人华丽转身，入驻下城区创意园，成为一名文创企业老总，开设了浙江桐荫堂文化传播有限公司。之所以取名桐荫堂，她说是因为丈夫蔡云超的老家门口有一棵很大很美的梧桐树。看得出，即使成了一位企业家，人文情怀依然是堂主俞宸亭的底色。

短短几年内，俞宸亭主持了杭州城市有机更新、杭州市区河道整治与保护、城市建设与城市文化保护与利用、运河文化创意园区、西溪谷区域历史文化保护与城市有机更新、武林新语文化提升、体育场路文化创意产业带、杭州传统村落保护与发展、诸暨次坞传统村落的保护与有机更新等40余项重大城建课题，公开发表了500余万字的文学作品，并在杭州G20峰会前后承接了为燃气、水务、政法等峰会保障工作发声撰书的任务。

"我们的主营业务就是创作——我的城建文学，我夫君的书法与诗作，再加上我两个孩子的散文与时评。"听起来似乎很不可思议，天底下哪里还找得出这样一家企业，生产这样一家人的原创文学呢？更奇的是，消费者也十分买账，俞宸亭的城建文学作品集《亦闲集》已经加印了三次，收录一家人作品的《亦闹集》以及其他作品也都在加印过程中。

如今，桐荫堂已经成为凝聚杭城书香的文化符号。"全国各地的文博会与其他文创主题展会，都会邀请我们去做特邀展览；政府或者企事业单位想布置文化馆或者书屋，会特地来参观桐荫堂作为参考；有人想送亲朋一件别致风雅的礼物，也会来我们这里挑选一些文创作品。"

在2016年的温州文博会上，桐荫堂拿到了文化创意金奖。让俞宸亭意想不到的是，当地人对传统文化有极大的渴求，每天有几百人来展位描红习字，小至三四岁的孩子，大至六七十岁的老者，有的甚至从来没有拿过毛笔。而桐荫堂的文学作品更是在现场销售一空，供不应求，俞宸亭只能回到杭州之后再为读者寄送。

"我相信整个社会的文化氛围正在回归，虽然实体经济不景气，但实体书却在升温，大家越来越尊重创作者，越来越欣赏美好的文字。"俞宸亭认为，正是桐荫堂对原创的坚守，获得了市场的认可。

把公益讲堂做成了品牌
桐荫堂书院坚持文化扶贫

早在桐荫堂成立之前，俞宸亭与夫君就一直有送书助贫、下乡支教的习惯。把公司办起来之后，他们非但没有放弃公益事业，反倒把公益讲堂做成了品牌，并且"任性"地用原创作品的盈收来贴补公益讲堂的支出。"很多人可能会说我们傻，说我们'二'，但我们只求问心无愧，只想为传统文化的教化与传承出一分力。"她一直坚信，思想的力量能够改变世界。

目前，桐荫堂书院已经举行了230多场文化与社科知识方面的培训与讲座，受众达30万余人次。院长蔡云超与堂主俞宸亭自不必说，诗人与文史学家王其煌、资深新闻评论员徐迅雷、心理与礼仪专家戴一江、著名主持人安峰、散文名家苏沧桑等业界与学界的文人大咖也都是公益讲堂的常客。

桐荫堂书院的辐射范围并不局限在浙江省内，而是将公益讲堂送到全国各地的乡村学校与农村文化礼堂中去，不断扩大受益群体。今年，书院秉持"三年之约"，连续第三年到山东省枣庄市进行文化扶贫支教。

据俞宸亭介绍，今年，桐荫堂书院不仅带领专家学者团队去为枣庄市第七中学的学生们上课，还带去了3000余册书籍与600套课桌椅，以及文具、体育用品、服装、箱包等，这些都是在俞宸亭的号召下，用了两周时间向社会募集完成的爱心捐赠。

明年，桐荫堂的文化扶贫还将走进西藏那曲，扶持那里的学校，开挖爱心"仁井",并将全县学校的教学白板、书籍、文具、体育用品、保暖用品等,一一送到孩子们手中。

"这些年来,世界一直在变,周围的人和事也在变,但我们的初心从来没有变。对于桐荫堂来说,不变就是守恒,坚守就是使命。"就如俞宸亭所说,没有一个行业不缺少会写文字的人,没有一个企业不需要匠人精神,没有一个社会不需要一间医治人心的大药房。

2016年12月29日

吴雄荣

顺势而为是第一

如果要在吴雄荣身上贴标签的话，"创二代"或许是必不可少的一个。打从父亲手中接下康桥汽车这个大盘子开始，他就开启了自己的"创业生涯"。"选择创业抑或是接手父亲公司，这两条路不存在矛盾，都是在创业的路上。"吴雄荣的语气始终很温和，但他是个实干的人，年纪轻轻的他如今已是三家公司的领头人。

杭州市拱墅区新生代企业家联谊会副会长
浙江康桥汽车工贸集团股份有限公司总裁

吴雄荣

从一线员工做起
接手父辈企业

20世纪80年代，商业市场跌宕起伏，创业之势异军突起，不少人在那时获得了人生的第一桶金，而吴雄荣的父辈就在其中。从做汽车服务起步，他的父亲渐渐地在浙江开设了数十家4S汽车服务门店，占据了省内一部分的市场。

2004年，吴雄荣大学毕业。为了更好地提升自己，他没有直接选择子承父业，而是毅然踏上了前往德国学习经济学的道路。四年之后学成归来，再一次面临选择的时候，吴雄荣选择了杭州，选择了康桥汽工作为自己的第一份工作。

但与大多数"富二代"不同，他更看重积累经验的重要性，所以在众多岗位中选择了从最普通的4S店做起。"当时想沉淀一下，父亲的公司的确是个不错的选择。但只有从基础做起，才可以学到真正有用的东西。"

积累方能成事。日常的经营报表、部门的业务管理……这些最为基础的工作，是吴雄荣每天经手最多的，也是操作最为熟练的。在4S门店，他又度过了他的四年青春时光，也是在这四年中，他开始慢慢了解汽车服务行业，也渐渐扎根到了员工内部。

之后，回到集团总部，有了工作经验的吴雄荣光荣地承担了整个集团汽车经营板块的管理工作。"康桥汽工固有的五六十家4S销售门店，其经营、售后、人力资源、行政都是由我统筹。我的目标只有一个，就是为了让绩效指标变得更好。"四年的经验积累彰显了效果，对自己分管的2000余人，吴雄荣显得得心应手。

但回忆起当时的自己，他也坦言，刚刚走上创业之路，了解的还局限于内部的筹谋，而为企业选择投资、外部战略方向，于他而言仍是一大难题。

深谙行业现状
踏上自主创业之路

也许在吴雄荣父辈创业的时代，汽车市场确是属于线下门店的。

但近几年来，大环境的转变、互联网的蓬勃发展，昭示着 4S 店的黄金时代已悄然结束。

三年前，吴雄荣也发现了这一点：传统的 4S 店正在经历行业转型期，市场上已有的门店数量已经趋于饱和，用户的需求也在不断变化。这时候可以维持现有店铺的盈亏已经不易，很难再去扩张门店。

"店铺和销售额的增量正在逐渐减少，这是一个行业预警！"在观察了市场大局之后，他敏锐地做出了判断：汽车服务行业的发展空间有限，如果想要继续创造价值，从而帮助股东谋取利润，还是要寻求一个新的投资方向。

这个新的投资方向在哪里？

成功讲求天时地利人和。吴雄荣也反复地琢磨，自己想要创业，顺势而为是第一，利用好手中的资源是第二。

于是，顺着互联网创业的风向，吴雄荣凭借着自身的工作经验积累、康桥汽工固有的人才储备以及市场的经济态势，在综合考虑下，汽车金融行业成了他首选的投资方向。

"这既可以将自己手头的投融资资源灵活运用起来，又可以满足市场的需求，何乐而不为？"2014年年底，吴雄荣带着几位有同样想法的同僚，从康桥汽工出来，创办了易港金融这家互联网金融公司，风风火火地干了起来。

或许上天对有准备的人确实有所眷顾。吴雄荣这一次创业，脱离了康桥汽工，自己掌控整个企业，易港金融也顺利地做了起来，并没有遭遇到创业路上的一些坎坷。2016年6月，易港金融更是完成了 A 轮融资，数额高达 6000 万元。

做符合国家政策的车贷
为社会创造价值

从康桥汽工到易港金融，其实吴雄荣还是在和汽车打交道。

2015年7月，吴雄荣记得很清楚，在那一个月里，他和易港金融的股东们，自己筹集了1500万元资金进行车贷基金的搭建。

"从一开始的股权架构、公司管理方式等，易港金融和康桥汽工都有着完全不同的模式。"吴雄荣说，之前的康桥汽工已经有了完备的管理体系，而现在的易港金融则完全是按照创业公司的步调在进行，股权激励、融资、管理，都是年轻创业企业的做法。

据了解，易港金融现在的主要业务就是做两类：一类是汽车的抵押或者质押贷款，小微企业或者个体工商户通过固有资产，取得贷款，解决临时资金的周转；另一类则是汽车消费分期贷款，消费者可以选择贷款来买汽车，从而进行按揭分期。

"车贷金额小，回报低。银行不愿意做的事情，我们来做。"吴雄荣笑着说，可以履行这么一种社会职责，也是他创业中的一大乐趣。

虽然近几年，网贷行业负面信息层出不穷，做车贷要规避很多政策，例如ICP的认可以及银行的托管信息等。但是吴雄荣没有退缩，经过长期的不断摸索，他逐渐克服了合规路上的一个个坑，也提供了更为多样化的互联网金融解决方案，比如每单金融8万元，平均换代周期不超过两个月等，以获取较小的风险率。

"还有我们强大的风控体系，现在可以规避绝大多数风险。在这之后，我们将会利用大数据做得更好。没有最完美，只有更完美。"目前，易港金融每个月的增长速度在15%左右，并且有将近3亿元的贷款余额。

让贷款不再难，让投资者有足够收益，为员工创造发展空间，为股东创造价值，这是吴雄荣在谈话中反复强调的易港金融的企业文化，同样也是他内心一直坚持的。

2017年1月18日

朱金才
一个销售型人才的产品精神

　　走进朱金才的办公室，刚一坐下，眼睛就会"情不自禁"地被桌上摆放的黑曜石水晶所吸引。

　　似乎看出了记者的疑惑，朱金才倚靠在沙发椅上，笑意盈盈地解释说，自己是一个潜心佛学的人，坚信凡事只要积极向善，肯定会有意想不到的效果。

　　作为 LED 照明行业的标杆企业，杭州华普永明光电股份有限公司在业内颇负盛名，不但是中国工业设计示范基地、杭州市高新技术企业，去年还成为服务保障杭州 G20 峰会先进集体。朱金才身为华普永明的联合创始人和副总裁，为华普永明的成长贡献了不菲的价值。

杭州华普永明光电股份有限公司联合创始人、副总裁

杭州市拱墅区工商业联合会执委

朱金才

与 LED 照明行业相见恨晚

看到朱金才的第一眼，往往很容易被他独具特色的打扮所吸引。就像图片上的这一身，黑色高领内搭外罩条纹双排扣正装款西服套装，不常见的搭配和衬托，流露出一股浓郁的港式范儿。

与他穿衣风格中透露出来的信息相呼应，在创办华普永明之前，朱金才一直在离香港最近的深圳一家著名的 IT 公司从事技术与管理工作。

朱金才与杭州的缘分，竟然始于一场偶然的旅游。朱金才回忆说，有一次他来杭州旅游时，被杭州优美的环境所吸引，毅然决定离开深圳，要扎根于杭州发展事业。

初到杭州，朱金才选择了全新的人生赛道。在这条赛道上，他遇见了一个全新的行业——LED 照明和优秀的合作伙伴陈凯。

如果用四个字来概括和陈凯的相遇，朱金才这么描述——相见恨晚。

彼时，朱金才在一次求职中遇到了陈凯，也是第一次见到了陈凯设计的 LED 产品，一下子就来了劲头。"当时我们两个人一直从上午十点多聊到下午一点多，连午饭都没来得及吃。"对于这点，他将自己对 LED 照明和陈凯的热情归结于自己身体里流动的江西人基因，他说就是那一股对于真理义无反顾的追求的劲儿。

从那天之后，朱金才看到了自己人生发展的新方向，更看到了中国 LED 行业发展的新方向。抱着这么一种信念，朱金才与陈凯一方面不断深入探讨 LED 户外行业的新发展，另一方面随着时间的推移，他们都觉得应该有一个新的载体来承载他们的 LED 照明产品以及商业理念。

于是在 2011 年，他们联合另外两位志同道合的伙伴，一同创立了华普永明。而经过他们的携手努力，在创立仅仅不到五年的时间内，华普永明便登陆了新三板。

坚持好的产品才是立足之本

在华普永明整个管理体系中，如果说陈凯是技术型人才，负责大战略、大产品，那么朱金才就是销售型人才，决定公司60%营业额的核心大客户都是由他管理的，他保证公司在空间发展、公共关系方面有正确的前进方向。

在做销售和管理工作的同时，朱金才仍要求自己对产业产品了然于心。

在创办华普永明之前，朱金才对行业内的LED户外照明做了一番深入的调研，从中也意识到了他们的空间在哪里："一网打下去，95%都是不合格的。很多人凭着一个烙铁和一把螺丝刀就开设工厂，既没有技术，也没有产品理念、成本测算。这个行业好的产品不多，质量实在是参差不齐。"

据他介绍，LED是个非常大的行业，包括通用照明、背光照明、景观照明和显示屏照明四大领域，而在通用照明领域还分户外照明和室内照明。华普永明只做自己擅长的，专注于户外LED大功率照明领域，且专注于开发以LED模组为基础核心的路灯、隧道灯、工矿灯、投光灯等四大系列产品。

与传统的LED产品不同，华普永明制造的模组，均达到IP68高防护等级，可以有效解决散热、防水、系列化、维护性、通用性等诸多户外LED照明领域的难题。不同种类的模组可组成不同用途的整灯，不同数量的模组可组成不同功率的灯具。

"我们的产品申请了国内外400多项专利，其中发明专利就有80项。"说到自家的产品，朱金才非常自信。如今，华普永明的客户遍布全球各地，每天都在持续增加，这主要还是由于华普永明产品的出色性能。"工业革命以来，凡是好企业，他们都有一个共同点，就是依靠自己的产品去获得市场和客户的尊重。"朱金才反复强调，好的产品才是立足之本。

销售有"套路" 真诚更重要

在圈内，朱金才常被人亲切地称为"才哥"，这很大程度上源于他对于销售心理学的把握。

在他看来，平时在业务销售方面，可有着不少小窍门。比如当面对不同的客户时，他往往习惯先用一分钟的时间去观察对方的举止神态，了解客户是一个什么样的人，再采用不同的销售策略和方法。

"比如有的人可以直来直往，有的人则要用组合出拳的方式才能快速'拿下'。"朱金才说，在业务商谈中，他习惯不断地测算自己的投入比，并选择最为合适的销售员去进行业务的沟通，保证一出即中。

他说洽谈业务的方式不外乎两种，一种是毛遂自荐，另一种则是通过造势，将目标客户身边的 90% 的同行客户都拿下，那么目标客户就会自己上门主动要求合作。

也正是凭借着许多专业的销售策略，华普永明在 2016 年 4 亿元订单总额的基础上，2017 年开春就已经将业绩同比翻了一番。

不过，销售策略只是一方面，朱金才更看重的是"真诚"。"销售，除了产品，我们需要传递的是一种价值理念。"这个真诚一方面体现于自己在商谈中的坦诚相待，另一方面就在于在拜访客户前做的大量准备工作，这样会让客户觉得自己受到了尊重。

朱金才潜心于佛学。他说，佛学之大，其中给他最大的人生启迪就是顺势而为。只要真诚待人，不斤斤计较，别人也会同样欣然接受自己。这也正如华普永明的企业文化：分享、创新、学习、专业，处处体现着作为创始人之一的朱金才对于佛学大道的理解。

2017年5月5日

赵烈江

95后的潮牌市场是我主场

2014年的夏天,《奔跑吧,兄弟》掀起了一股"跑男旋风",成为最吸金的综艺节目,"中韩撕名牌"的精彩一战,也让"撕名牌战袍"——ILOVECHOC(我爱巧克力)迅速蹿红。这个来自杭州的女装潮牌,因为洋气又养眼、动感又好穿的特点,一下子成了国内各大真人秀综艺的宠儿。赵烈江,这个站在ILOVECHOC背后的男人,也终于将国内95后的潮牌市场变成了他的主场。

杭州市拱墅区工商业联合会热委

杭州琼楼服饰有限公司总裁

赵烈江

带着理性做管理
怀着梦想做设计

2011年，回国一年多的赵烈江碰到了小学同学谷雨。多年未见，两人畅聊了很久。谷雨是一名设计师，他说自己正在捣鼓一个服装牌子，问赵烈江有没有兴趣做股东。赵烈江花了几天时间在老同学的门店里蹲点观察，发现这个服装品牌虽然没有什么知名度，却在寸土寸金的杭州大厦和武林路都有铺面，而且那些百变的潮流图形，对年轻人有着天然的吸睛能力。没过多久，赵烈江就带着一笔资金，加入了这个服饰品牌的初创团队，这就是 ILOVECHOC。

事实上，早在德国留学时，赵烈江就萌生了做设计的想法。他对设计有一些独特的喜好，比如喜欢黑色，自己总是一副黑框眼镜，一身黑衣。拉夫·西蒙、马丁·马吉拉、山本耀司，这些设计师品牌都是他的"菜"。一身黑色，并不代表沉闷，不同的质感、精致的细节、巧妙的剪裁，让黑色富有层次感，不张扬，却充满张力。对设计、对品质、对面料，赵烈江眼光很毒，要求很高。

不过在德国留学七年，赵烈江学的是工商管理。曾想着转系去工业设计，可惜没成。从大三开始，赵烈江索性创业了，与朋友合伙创立了 Sobuy Commercial GmbH，经营运动器械、亚洲食品、二手纺织机械等国际贸易业务，通过易贝（eBay）进行销售，积累了第一桶金。现在说起线上销售，赵烈江总是呵呵一笑：我在十年前就玩得很好了。回国后，他又相继涉足房地产、建筑五金等行业，也小有成绩。

事实证明，你走过的路，每一步都算数。这些创业经历给了赵烈江非常有用的管理经验。加入琼楼服饰有限公司后，赵烈江迅速搭建了企业框架，稳定了销售渠道，克服了资源不足等问题，使 ILOVECHOC 有了自己的市场影响力，逐渐成为以青春街头时尚潮流为主的国内一线潮牌。

说起当初果断加入琼楼服饰的缘由，赵烈江说了"理念"二字：

杭商故事 Ⅳ

"'巧克力'团队的品牌理念非常一致，大家认同自己所要创造的东西的模样，而且非常接地气。我们就是要为20岁年轻人创造性价比高的潮牌服饰。"他始终认为，工作的能力、态度和思维的方式决定了一个员工和企业的成长方向以及成长空间。

拥有开放的心灵
坚持原创的精神

就像ILOVECHOC的衣服不需要像唐装一样被赋予更多文化指向性的解读一样，95后的人们更喜欢用一种轻松也更开心的方式来追随自己的时尚品牌：色彩可以更跳跃，剪裁可以更不羁，但始终拥有开放的心灵，坚持原创的精神。长久以来，ILOVECHOC和它的受众始终处于同一种个性特质：气质有点少年，性格十分阳光，只要喜欢，便要将喜欢的事情进行到底。

"假设两个同样水准的品牌让你选择，一个是国内品牌，一个是国外品牌，你会选择哪个？"赵烈江给出一道选择题。不出意料，大部分人选了国外品牌。是因为国外品牌的衣服品质好价格美吗？不见得。"这其实也是一种文化不自信。"赵烈江特别希望能扭转这样的认识差异。

与其埋头苦干，不如走出去"知己知彼"。赵烈江出现在各个国际时装周上，与国际品牌、设计师互访。"我不会去追求快时尚品牌的速度与种类，也不奢求像设计师品牌一样特立独行，我们服务于20岁年龄层，它是有品质、有设计，也是接地气的，正如这个品牌被命名为'ILOVECHOC'，正是希望它能把巧克力般最简单而甜蜜的欢乐带给大家。"赵烈江说。

灵敏的直觉跟开放、平等、无边际的国际化视野一碰撞，就水乳交融、合为一体了。赵烈江在他喜欢的领域做出了国内最好的年轻潮牌。在ILOVECHOC的设计中，大面积的图形，针织面料，宽松的设计风格，这些元素也被运用得淋漓尽致。虽然设计理念主要依据的是 20 世纪 70 年代美国的嘻哈文化，但为了更加符合亚洲人的身形，ILOVECHOC 在设计时会对版型进行一些改变，使大家更容易接受。

细节决定品质
创造开启未来

"只要你盯着 ILOVECHOC 的标识看三秒，你会发现这个图形有点像你。"赵烈江说。每个女生心中都有一个少女梦，甜美又可爱。"除此之外，它还代表着阳光积极可爱的一面。"

ILOVECHOC 的风格，在不同年龄阶段也许接受程度有差异，但 ILOVECHOC 的高性价比，却一直受到市场好评。ILOVECHOC 主打全棉材质。赵烈江对于棉质的要求非常高，他有这个自信："如果你在实体店里摸一下我们的衣服，这手感一定会让你再深深地揉搓一下。"他还是一个细节狂，常常在生产线上盯着印花、绣花、包边这些繁复工艺，公司里不少人都被他逼疯过。

对于市场扩张，赵烈江也主张有布局有节奏。线下门店是他特别看重的一个品牌文化输出、黏合受众的载体。如今的 ILOVECHOC 已拥有 300 多家门店。扩张速度是一个方面，更重要的是要理念传达精准，形象传播到位。现在 ILOVECHOC 系列的风格越来越多，Sweetchoc 的甜美，Blackchoc 的街头和酷炫，Whitechoc 的文艺，满足年轻人的视觉和日常需求。除此之外，随着第一批 ILOVECHOC 粉丝逐渐成熟，组建家庭成为妈妈，赵烈江还创立了 MINICHOC 品牌，将其打入了儿童潮装市场，专门为宝宝设计童趣系列，塑造"潮童"概念。

同时，琼楼服饰也作为国内早期开创潮牌的公司，成为中国最具规模的潮流时装品牌零售企业之一、国内唯一获得中国十佳时装设计师称号的潮牌企业。公司旗下拥有自营品牌：潮流女装 ILOVECHOC、潮流童装 MINICHOC、潮流男装 CHOCLAB 及潮餐饮 CHOCAFE。通过提供时装、餐饮、家居和艺术时尚等文化产品，创造全新的艺术商业模式。

　　"生活就像是一盒巧克力，如果你不一一打开品尝的话，就永远也不可能知道这一个是什么口味。"未来的 CHOC 王国可能会拥有更多的文化产品，但赵烈江认定的一点就是——CHOC 创造给年轻人的，一定是欢乐和爱。就像巧克力的口味，总有一款是你的最爱。

2017月4月20日

莫振伟

从酒店到园区 低调才能成事

杭州市拱墅区新生代企业家联谊会常务理事
杭州广银大酒店有限公司董事长

莫振伟

　　作为杭州市拱墅区的创二代企业家，莫振伟的接班之路走得低调而卓有成效：大学毕业不到五年，他已经成功操盘了两个总面积近四万平方米的酒店项目，把"广银"这个酒店行业的"新秀"，打造成了全市知名的优质品牌。

　　创业以来，作为老一辈杭商的父亲和他说得最多的一句是"低调为人，踏实做事"。而他也正是遵循着这样的原则步步前行。从筹建、装修到运营，他事必躬亲，将自己的管理之道、服务理念，一点点渗透到了酒店的经营之中，并自建了一支能征善战的管理团队。而在网上，你却搜索不到任何关于他的个人信息。

　　将酒店的运营送入正轨后，莫振伟又悄悄退到了幕后，放手"让专业的人去做专业的事情"，马不停蹄地转向了位于杭州城北的广银创新科技园项目的运作之中。

大学毕业挑起两个酒店项目
打造出能征善战的管理团队

"这是我第一次接受媒体采访。"莫振伟笑言。他是名85后，但与年轻的外表不相称的，是其谦和稳重的个性。他说起话来不疾不徐，从容中透露着儒雅，不经意间就拉近了与对话者的距离。

莫振伟的父亲莫银强开办的浙江城北送变电建设有限公司，是国家电网的协议外包单位，也是杭州最老牌的电力设施生产、安装企业之一。而对于自己的职业生涯规划，莫振伟说，父子间早有默契："我对电力设施兴趣不大，他也不希望我接原来的那块东西，而应该有自己耕耘的一片田地。"

也是出于转型的考虑，从2012年开始，莫银强就开始着手筹备两个酒店项目，一个是7500平方米的广银维纳假日酒店，位于湖州街，定位为精品度假酒店；另一家是29000平方米的广银大酒店，位于上塘路和大关路交叉口东侧，定位为超四星级标准的会议型酒店。

2011年，大学本科毕业后，从上海归来的莫振伟顺理成章地接过了这两个项目。不过一开始，他并没有立即加入项目筹备组，而是进入市中心的一家精品酒店轮岗实习。从总台员工，到大堂副理，再到销售，一年多时间里，几乎把所有的酒店基层岗位都干了个遍。

等到正式接手这两个项目时，莫振伟基本上对酒店的运作流程已经了然于心，这也让他在参与筹建过程中能够保持清晰的思路。两个酒店的装修风格、区域划分、功能设置，都融入了他的个人元素。

2013年初，广银维纳假日酒店率先开业，因为定位精准，服务优良，很快就取得了不俗的业绩，这也给了莫振伟足够的经验和信心，去运行好体量更大的广银大酒店。

在做广银大酒店这个项目时，莫振伟选择的是自建酒店管理团队，这与目前大型酒店采用品牌加盟管理或者邀请酒店管理公司管理的通行做法有很大的不同。

"自建团队和外聘团队各有各的利弊，外聘团队投资人比较省心，但是投资人对酒店的掌控力就会变弱，运营成本相对比较高；而自己打造团队，前期磨合时间比较长，但自己比较好掌控。"莫振伟说。

他也坦言，在这个过程中走了不少弯路，遭遇不小的挑战，比如，那些从各大酒店过来的高管尽管能力很强，但是管理理念却千差万别，要让他们达成一致并不容易。莫振伟就充当中间的调和剂和黏合剂，等到这支完全自主打造的团队形成之后，所迸发出的战斗力也是惊人的。

2014年初，拥有206间客房的广银大酒店正式开业，第一年的客房平均出租率就达到了60%以上。

酒店管理者服务好自己的员工
才能让他们更好地服务客户

2012年底党中央出台"八项规定"后，全国很多星级酒店的经营都受到了不同程度的影响，而资本进入酒店行业的热情也有所消退。

在这样一个时间点上涉足该行业，在很多人看来并不是一个明智的决定，但莫振伟却有着自己不同的看法："酒店如果依赖于公款消费来维持高营业额，本身就不是一条良性发展之路。我们看到的更多的是前景；几十年来国内经济增长后中产阶级群体扩大，带来了消费升级。杭州作为一座旅游城市，特别是G20峰会的成功举办，未来酒店服务业的增长让人充满期待。因此我们并不担心'八项规定'会对生意造成大的影响。"

而事实也证明了莫振伟的判断。在广银大酒店目前的业务构成中，政府采购只占了很小的一块。大部分的客房客源来自于互联网途径获取的商务、旅游散客，大部分的会议业务都来自于拱墅区的企业。

莫振伟告诉记者，随着运河申遗成功和杭州城北大改造，这几年拱墅区的各类酒店不断涌现，价格战也打得非常厉害。他认为，要在竞争激烈的市场中立足，价格不是决定性因素，而是要做出自己的特色。

"我们的价格保持和其他四星级酒店同一水平，而我们的设施和服务，都是接近五星级标准的，加上酒店地理位置和交通方面的优势，我们有信心做到同行业领先。"

对于做好服务这点，很多酒店都会通过一套严苛的流程化管理制度去约束和规范员工的言行，让客人有宾至如归的感觉。而莫振伟却认为管理者更应该在善待员工方面入手，采用人性化管理。

"员工对客人的态度，其实也是他对所处工作环境体验的内心真实表达。一个酒店除了硬件之外的其他形象其实都是由员工建立的。现在酒店的员工大都是90后甚至95后，他们家境优裕，也很有个性，很少是为了生计而出来工作，你要让他们有归属感。如果管理者用强硬的制度和命令式的口吻让员工做事，很难让他们对客人有一个好的态度。"

十几年前是酒店挑员工，现在却是员工挑酒店，因此酒店行业流动性普遍很高。"我希望我们的管理团队充当服务者的角色，去服务好我们的员工，尽可能给予好的福利，让他们分享企业发展的成果，这样他们才会更好地服务客人。"

不断学习专业知识提升自我
为做好下个园区项目做储备

经过三年多的运营，两家酒店都已经走上了盈利的轨道，其中广银大酒店目前的客房平均出租率已经达到80%以上，在拱墅区所有星级酒店中可以排进前三，去年全年客房营收达到了2600多万元。

莫振伟说，接下去除了继续做好服务，打造好"广银"的品牌外，还会适当做一些客源调整等工作。"毕竟出租率不代表全部，我们希望进一步降低获客的成本，提升客源的质量，在价格、出租率和损耗率之间找到一个平衡点。"

现在，莫振伟已经放心地将两家酒店的日常运营工作交给职业经理和运营团队，自己则转到幕后做起了资本运作和战略规划。

为了配合拱墅区"十三五"规划的重点产业平台智慧网谷小镇建设，浙江城北送变电有限公司接下去将对位于储鑫路的老厂区及周边进行改造，将其打造成为广银创新科技园。整个园区的建筑规模达到七万平方米。父亲则让莫振伟直接牵头运作这个项目。

从酒店到园区，对于莫振伟来说又是一个全新的挑战。"这段时间，我在学习园区规划、招商引资等各个方面的知识，因为相比酒店的运营，园区是一个系统性的综合工程，不管是前期的定位、建设还是开业后的运营管理，都会更加复杂和充满风险，尤其是区里将这个园区作为重点培育和着力打造的创新产业示范基地，对于我们来说责任就更加重大。我们之前没有这方面的经验，需要在实践过程中一点点去积累。"

莫振伟说，在学生时代，由于长期和父亲分居两地，平时交流的机会并不多，大学毕业有了自己的事业之后，他感受到了创业的不易，这也让他与父亲走得更近了。

"现在每当我遇到困惑或者不懂的地方时，都会向他请教解决之道。"莫振伟说，虽然现在他做的与父亲莫银强所做的完全不同，但是父亲的创业经历和人生经验给了他很大的帮助。

"实际上他和我说得最多的还是为人处世的道理。他让我学会低调做人，踏实做事。用心去做一件事情，一定会有所收获。如果把所有的事情都做到了极致，自然会有回报。"

2017年4月5日

许泽俊

严谨中求创新 稳健中求发展

许泽俊平日里是个清瘦的大男孩，笑起来略显腼腆，还带着些许孩子气。一说起企业的经营管理，方显出自信的气场，回答问题少有停顿间隙，条分缕析间足见其逻辑之清晰，思维之敏捷。

若说父亲许荣根将"建华"从一家不起眼的乡镇企业，打造成覆盖设备制造、精细化工、商贸服务、金融服务等多领域的大型企业集团，成为中国民营企业500强，那许泽俊涉足的则是一个充满活力与丰富可能性的新兴板块——文化创意产业。

"我希望建华在传统实体市场积累的优势，能够与文创产业园区的建立运营互融互通，在形成一定规模的基础上探索出一套成熟的管理体系，以轻资产的形式快速复制到全省乃至全国各地，未来成为建华转型发展的一大助推器。"对此，许泽俊显得笃定且自信。

杭州市拱墅区新生代企业家联谊会常务理事
杭州建华文创产业股份有限公司助理总裁　　许泽俊

海归男孩一头扎进新兴行业
完成从小秘书到挑大梁的蜕变

"无论是工作还是为人处事，我爸都对我产生了深刻的影响。"不像许多"二代"迫切地希望撕掉这样的标签，摆脱父辈在自己身上的投影，许泽俊坦诚地表达了对父亲的敬意。"他一直鼓励年轻人去闯去尝试，坚持以开放的心态采纳创新思想，同时也非常慷慨地分享自己的经验。"

在正式参与建华文创的创建工作之前，许泽俊刚从日本留学归来。虽然之前身在国外，但他没有"两耳不闻窗外事"，平日里也时常与父亲交流看法，了解公司的最新动态。早在 2005 年，建华集团成立建华网络科技有限公司，将网络平台与实体经营相结合，先后建立了"机电在线电子交易市场"与"钱江网上商城"。2012年，"文化创意"概念开始频繁出现在国家级战略纲要中，也进入了建华的视野。当时建华网络科技有限公司的董事长戴海洋，开始组建精英团队，着手打造建华文化创意产业园。

当时才刚刚毕业的许泽俊，自然不可能一回国就挑起大梁。想要快速成长，莫过于在刚刚起步的行业与企业中修炼打磨。因此他毫不犹豫地加入了建华文创。

"我们建华有特殊的传统，要想培养一个人，先让他从领导的秘书做起。"许泽俊略带调侃地说，"秘书这个岗位很能提升个人能力，不仅能锻炼出扎实的文字功底，还能体会到领导的大局观与超前思维，等于是受到了高人指点。"

虽然名义上是秘书，但由于初始团队成员很少，许泽俊实际上是身兼数职，行政、法务、财务、公关宣传……事事都得硬着头皮上，碰到不懂的就去学习充电。在这样的"高压逼迫"下，许泽俊从一个青涩的大学毕业生快速蜕变成了雷厉风行的"霸道总裁"。

高速扩张，做大体量
完成从价格优势到服务优势的转变

"对于建华来说，做文创园区其实并不是从零开始，而是服务范围的扩大与服务品质的升级。"许泽俊解释说，建华在过去30多年来经营的实体市场，是为5000余家商户提供经营场所，而文创园区的初衷则是为文创领域的创业者，尤其是电商企业提供办公场地，本质上都是为商家服务，即使两者的需求有所差异，但服务意识是一脉相承的。

万事开头难，别看建华文创目前已经拥有12家全资或控股子公司、7个实体主题园区、1个虚拟产业园区与2个网上市场，总运营面积近20万平方米，当初的第一个建华文创园区还是用村里的闲置仓库改建而成的。

许泽俊回忆说，最初的园区在选址上没有什么优势，唯一可以吸引创业者的大概只有实惠的租金与周边院校的人才储备。但随着入驻企业的不断增加，团队不断挖掘这一群体的共同需求，不断完善园区的软件与硬件配套，企业对园区的认可度与归属感就越来越高了，建华的品牌口碑逐渐在创业圈中建立起来。

"我们在园区招商上压力不大，项目来源渠道也很丰富，大多都是通过熟人圈推荐，裂变式发展到如今的规模。"去年对于建华文创集团来说是生死攸关的一年，意味着企业必须保持高速的扩张态势，先把"盘子"做大。许泽俊表示，做园区与其他行业不同，只有达到一定的体量，才能提升企业抗风险与提供附加值的能力。让他颇为自豪的是，去年新增的两大园区——位于文三路的建华创业园与位于石祥路的运河汽车电商园，不仅扩展了8万平方米的运营规模，也为有意入驻建华的企业提供了更多元化的空间与价格的选择。

"为了以最快的速度进行布局，我们没有采取自建的模式，而是用了对荒废闲置的老厂区加以改造的方式。比如文三路的园区原来是杭州电机厂，按照'修旧如旧'的原则，我们在改造过程中最大限度地保留了 20 世纪 70 年代中期老厂房的老砖、老瓦、老景，为杭城中心少有的工业遗存保留本色与回忆。"

除了在杭州范围内开疆拓土，建华还在安徽合肥开辟了新领地。不同于省内的租赁自营，省外园区则是采取代运营输出管理的模式，从前期改造设计老工业物业、制定业态定位、宣传招商到管理服务园区，主打城市孵化器的概念。

重视风控，在严谨中创新
"管家式服务"兼顾创业者工作生活

近年来，总有全省甚至全国各地的同行到建华来取经。他们想一探究竟，到底是什么让建华文创的园区像磁铁一般，牢牢地把优质的创业企业吸附在自己周围。这时许泽俊往往会谦逊地回答说："我们的服务做得还可以。"

事实上，建华为入驻企业提供的完全可以称得上是"管家式服务"。完备的基础服务设施与智能配套设施自不必提，园区还针对入驻企业均为小微企业的特点，通过十五大公共服务平台，解决了企业在融资、人才、技术、文化生活、日常管理过程中的诸多问题。

但在许泽俊看来，建华园区最有特色的还在于金融服务。"目前大多数银行与金融机构的信贷模式仍然需要依据设备、厂房、土地等重资产的担保，但互联网时代的初创型企业基本都是轻资产或无资产，难以获得传统意义上的信贷。"许泽俊与团队为此想了一套方案——将企业的库存变现。由园区负责监督库存产品，银行放贷一旦出现问题，立即将库存销售变现抵债。正是通过这样的方式，园区的一家企业刚刚拿到了 1500 万元的贷款。而企业若是遇上急迫的短期资金短缺问题，建华旗下的小额贷款股份有限公司就能帮他们解决问题。

许泽俊表示，除了帮创业者清扫事业上的障碍，建华还希望让他们更好地享受生活。今年园区设立了 200 套酒店式人才公寓，采用

"拎包入住"的模式，满足入园企业核心团队成员对住房的需求。园区周边的配套，大到酒店、综合体，小到汽车 4S 店、便利店，团队都会帮企业去争取最大力度的优惠，甚至计划在杭城周边开发民宿项目，方便创业者出游团建。

这样庞大而全面的服务体系，自然不是在一朝一夕间构建而成，而是许泽俊与团队在无数个日夜"脑洞大开"的成果。令人意外的是，年轻的许泽俊在团队中扮演的却是风控的角色。"我的风格比较稳健谨慎，擅长做细致的数据分析，一般会把最坏的情况想在前头。"在严谨中创新，是他一贯坚持的原则。

建华下一步要做什么？许泽俊表示，目前园区的体系建设已经自成一体，为下一阶段的稳步快速扩张奠定了基石。属于建华的文创生态圈也已初见规模，围绕产业链上下游持续拓展服务与业务领域，将有无限的可能性。

2017年6月22日

郭 铖

成就感不在数字而在口碑

杭州市拱墅区新生代企业家联谊会理事
杭州兴业市政园林有限公司总经理

郭铖

在风景美如画的江南，这个季节，更是桃红柳绿、百花争艳。然而你有没有想过，在越美的地方，园林绿化公司的竞争越激烈？杭州兴业市政园林有限公司总经理郭铖说，前几年有一项数据表明，全国具备一级资质的园林公司有300多家，但浙江占了一半以上。可以想象，在杭州做园林绿化，市场竞争是相当激烈的。

去年，杭州兴业市政园林在完成G20峰会样板工程的基础上，于全国的项目也取得了大丰收，年产值达到了5亿元。"这个数字是往年的两倍多，算是逆势生长了。"郭铖说。

一毕业就被父亲扔至湖北
工地上一待大半年系统性锻炼

杭州兴业市政园林有限公司是郭铖的父亲郭忠林于2001年创立的，在那之前，郭忠林是浙江省肿瘤医院放射科的医生。下海创业，郭忠林选择了随房地产市场迅猛增长的园林绿化行业。经过不懈的努力，兴业市政现拥有城市园林绿化壹级、市政公用工程施工总承包贰级、城市及道路照明工程专业承包贰级、园林古建筑工程专业承包贰级等多项资质。

作为一家上规模的园林绿化公司，兴业市政也有自己的苗木基地2000多亩。前段时间，郭铖一直在忙于苗木基地的搬迁，原本位于杭州三墩的苗木基地被分拆至宁波和海宁。"这也是一次盘点，让我好好了解了一下自家基地里的树木数量、种类与规格。"

郭铖是有意要子承父业的，上大学时他选择了建筑设计专业，本科读了5年，2011年毕业即加入了兴业市政。父亲为了锻炼他，让他直接去湖北上班，用郭铖的话来说，那是被扔过去的。他在那个五星级酒店的工地上待了半年之多，对于园林工程如何与其他建筑工程并行不悖地施工，郭铖系统性地跟了一遍，"也意识到了做工程真的蛮辛苦的"。

如果说学建筑设计的去从事绿化景观，有些大材小用，幸运的是，郭铖也是真爱花草树木。他边工作边又去浙江农林大学读了园林专业，学习植物配置研究之类的知识。"要想营造一个令人满意的园林环境，必须通过合理的植物配置，要遵循一定的原则，掌握植物配置的方法步骤以及艺术手法，在设计中体现出来。"

以前的园林绿化中草多树少，空间利用比较单一。在郭铖看来，这几年园林绿化行业也迎来了转型升级，更加注重空间层次的打造，比如增加乔木的配置，从国外引进一些新品种，如彩叶树种。"植物的色彩是重要的观赏点，在许多园林绿化较好的城市，季节转换时植物叶色也随之变换，呈现出四时不同的风景。"另外，郭铖说，乔木比灌木、草花更好打理，虽然前期投入较大，但长期来看，乔木还比灌木、草本更加节省养护投入。

天南海北跑苗场了解树种
国外边旅行边学习人家的园林

郭铖目前在公司主要负责工程和采购。他表示工程这块还在学习过程中，"从招投标到完成回款，这个过程非常漫长，门道也很多"。苗木采购则是郭铖感兴趣的内容的发展轨迹。作为2014年全国优秀花木经纪人，他在那几年把国内的苗场天南海北基本都跑遍了，了解适合各地生长的树种，哪里的哪个树种品质好形态优，同样的树种哪里有便宜的价格。"这对我们做各地的工程非常重要。一方面要因地制宜，另一方面也可以控制成本，更好地完成工程质量。"

除了跑国内，郭铖还跑了国外许多城市。旅行是他一项突出的爱好，但玩着玩着就变成看人家的园林绿化了，拍下很多照片回来研究。别看郭铖外形走的是欧美路线，肤色晒成了健康的小麦色，身形壮硕，但他说相较之下，自己还是最喜欢日本的园林风格，"精致、极简，富有禅意"。

郭铖一年要跑好几趟日本。"如果可以出去的时间比较短，我就会去日本，反正离得近嘛。"他也去日本的苗场看过，在他看来，日本人对乔木很注重修剪，园林应用中流行色块苗的呈现。"色块苗是指用于布置绿化景观的红花檵木、金叶女贞等彩叶植物，以色块的形式种植，常见的红叶石楠就是嘉兴森禾种业从日本引进的。"除了公共绿化，郭铖更欣赏日本的庭院景观，几颗石子、一把沙子，再加上常绿树、苔藓等，营造枯山水庭园。"我还想着能去日本读个研究生，跟园林有关的。"

为此，郭铖也有一个梦想，就是要为兴业市政园林增加一块家庭园艺。"这是我感兴趣的，我们可以做模块化产品，推出几个不同的套餐，根据不同的风格打造趋于标准化的产品。在此基础上还可以做加法，如果客户不计造价，可以增加进口树种以及更高规格的产品。"

他已经给身边的朋友打造了三四套别墅的园林景观。"其中一个朋友家里的庭院做好之后，引来了朋友家的邻居，邻居来问我们接不接活，我就当作玩儿似的也做了一套。"

做精了就不怕没业务
园林项目得到大家的好评很重要

杭州兴业市政园林有限公司的主业是市政园林，正如郭铖一开始所说，杭州是园林绿化起点非常高的城市，华东地区作为我国经济最为发达的地区之一，市政园林和地产园林的市场规模位于全国首位，同业竞争也非常激烈。"现在一个大点的项目就会有几百家公司去参与招投标。"

前几年开始，兴业市政就走出杭州，在全国各地开展项目。得益于各地的森林城市建设、生态城市建设，还有美丽乡村建设，兴业市政的项目覆盖东西南北。"落后的地区，园林绿化建设相比发达地区相对滞后，但开发的力度和蕴藏的机遇更大。"

郭铖说兴业市政做的基本都是中高档以上的市政园林项目。他以贵州遵义的"十里荷塘"为例。项目位于从遵义机场出发前往市区的道路沿线，在充分保护和利用村落原有的自然环境资源的前提下，综合利用多种种植手段，使沿途的村落民居和田园风光相互映衬。"这个项目在当地的知名度很高，景观非常丰富、立体，周末有很多市民前去观光，当地许多老百姓也因此吃上了'旅游饭'。"因此，郭铖认为，做市政园林工程还是要做精品工程。"项目得到大家的好评很重要，做精了就不怕没业务。"

未来几年，兴业市政可能会由郭铖全面接手："我爸期待着正常退休呢。"他对公司的规划是一方面做精主业，每年的业务量不用太大，但要做就做精品工程；另一方面，开拓家庭园艺板块。

郭铖出生于 1988 年，虽然跟 90 后比较接近，但他认为自己属于偏保守的性格。"这几年大家都在玩资本，也有朋友问我，有没有考虑送公司上市。我们暂时不考虑上市，这既和行业特性有关，同时我们也怕走得太快反而会失去自己。"

2017年4月27日

郭昱辰

树立家政服务行业的标杆

作为一个 80 后 "创二代"，郭昱辰身上不仅有老一辈企业家的强烈责任意识，更有年轻创业者的拼劲与闯劲。

"做企业不应该把利益看得太重，只要保本微利，把口碑建立起来，顾客就会越来越信任你的品牌，后面的市场就会越来越大。" 郭昱辰强调，她希望巾帼西丽能在行业标准化和职业化建设上树立典范，引导家政服务行业规范健康发展。

自 2002 年成立以来，巾帼西丽已经从一家小小的家政服务企业，发展成为一家全国生活服务行业的知名企业。据郭昱辰透露，公司的营业收入平均每年以 30% 以上的速度递增，2016 年的营业额已经达到 1.9 亿元，今年预计达到 2.5 亿元。

杭州巾帼西丽市政园林建设集团有限公司总经理

杭州市西湖区工商业联合会常委

郭昱辰

传承母亲的创业精神

郭昱辰的母亲丁常菊的创业故事可以称得上励志传奇。她曾是一名随军来杭的军嫂，先后做过工人、营业员、餐饮部经理，以为一辈子就这样平平淡淡过下去的她，却在2001年下岗了。这对于当时年已不惑、手无技艺的"4050"人员来说，无疑是当头一棒。放弃老战友帮忙在街道安排的清闲工作，她决定放手一搏，组建了一个团队从市政保洁工作开始切入，创立了"巾帼西丽"这个品牌。

"公司在起步阶段非常艰难，因为规模小又名不见经传，大家并不是很信任我们。有一次，杭州市殡仪馆公开招标保洁公司，但很少有公司愿意去投标。我妈妈拿下了这个工程，还带头到停尸间、火化间去清扫。最后的验收质量非常好，也在整个圈子里做出了口碑。"郭昱辰说，母亲艰苦奋斗的创业精神，不仅成了巾帼西丽企业文化的一部分，也是鼓舞她前进的重要力量。

7年前，巾帼西丽集团董事长丁常菊突发疾病，急需郭昱辰接母亲的班。当时28岁的她既没有做好业务上的准备，也没有心理预期。"我大学学的是计算机信息管理，接手公司之后修读了会计学，后来又学习了建筑工程管理。不努力充电的话很可能会跟不上企业发展的节奏。"郭昱辰表现得极为谦逊，但事实证明，她极强的学习能力让她很快就适应了自己的角色。

接手企业之后，郭昱辰独辟蹊径，将巾帼西丽的业务线进行了有序延伸与扎实拓展。2011年，她瞄准了养老这个万亿级市场，着手将巾帼西丽的业务重心从市政保洁向养老行业转移，并逐渐在居家养老、养老院托管、日间照料中心托管等业务模块展开布局，并于2013年成功入选第一届全国"敬老文明号"。2014年，郭昱辰又将目光投向了母婴护理市场，在二胎政策尚未正式出台之前就开始有条不紊地布局，目前基本完成了建标准、组团队的前期工作，将在未来三年内构建一套成熟的运营体系。

坚持规范化标准化运营

"我妈妈喜欢以情动人,在管理员工方面也多以主观情绪主导;而我更偏好以理服人,坚持以制度管人,更重视现代企业制度的建设。"郭昱辰认为,规范化与标准化的运营是帮助巾帼西丽走得更远的有力保障。

"目前家政行业普遍实行中介制,也就是说大部分家政公司只是一个中介平台,既不为服务人员提供应有的保障,也不为服务质量负责,这不利于整个行业的可持续健康发展。"她表示,巾帼西丽的所有家政员工,包括钟点工、月嫂、居家养老护理员都是公司的正式员工,他们都经过巾帼西丽职业技能培训学校严格规范的培训,同时持有健康证明、有效身份证明、职业培训证以及技能等级证。

说起这所职业技能培训学校,郭昱辰显得颇为自豪,因为它培训的不仅有巾帼西丽自己的员工,也为同行提供了理论学习、实践操作和专业考核鉴定的场所,构建起了一套家政服务行业专业人才培养机制。"培训教材、培训项目以及职业资格证书,都是根据国家人社部的要求确定、考核并下发的,比如高级育婴师必须满10年的工龄,中级则要满7年。"据了解,巾帼西丽职业技能培训学校每年培训学员2000余人次,培训合格率达95%。

同时,巾帼西丽率先在行业中导入了ISO9000质量管理体系,又先后导入了环境管理体系与职业健康安全管理体系。"许多同行也许认为这些资质只是几张轻飘飘的纸,没有什么分量,但我们认为其中的价值巨大,尤其体现在评审环节,专家给出的意见非常一针见血,能够帮助我们查漏补缺。"今年,郭昱辰还准备与杭州市第七人民医院合作,为员工的心理健康状态做评估,保证员工在身心上同等健康。

正是因为这样严格的自我规范,巾帼西丽在2014年获得了"西湖区政府质量奖",还参与了两个国家标准与两个行业标准的制定,受到了政府与行业的双重认可。"每个行业都必须有自己的标杆企业,我们正是希望成为家政服务行业的标杆，创造出一套可复制的体系，帮助整个行业规范起来。"

建立顾客对品牌的信任

除了制度建设，郭昱辰在企业的品牌建设上也倾注了不少心力。自 2011 年起，"巾帼西丽"陆续申报了杭州市级与省级的著名商标、服务名牌，如今，它们已经成为中国驰名商标。

为了加强"巾帼西丽"品牌在消费者心目中的印象，郭昱辰为企业设计了整套视觉方案，大到门店的装修风格、作业车辆外观，小到工作人员制服、日常工作用品等，都统一采用红黄色调。

不过郭昱辰表示，相比这些"锦上添花"的工作，巾帼西丽的员工其实才是企业最好的品牌形象代言人。去年，巾帼西丽 3500 多名员工中的一员——31 岁的黄鲜花以"杭州家政冠军"的身份亮相 CCTV-1《生活圈》栏目，跟大家分享家庭清洁小窍门，而这些窍门是从她过去 12 年的从业经历中总结出来的。包括黄鲜花在工作时穿的鞋子，都是经过特别挑选的，鞋底很好，走起路来声音很轻，这样就不会影响客人休息。

即使是这样优秀的员工，巾帼西丽依然会在每一单业务结束后进行电话或上门回访，了解员工在专业技能、礼仪素养等各个方面的表现，并及时与员工交流沟通，采取相应的奖惩措施，员工受到委屈的话还有申诉机制，最大程度保障顾客与员工双方的利益。"我们每个月都要召开一次员工大会，邀请优秀员工上台分享自己的经验；平时一下子解决不了的复杂问题，也会让大家一起研究探讨。"

对服务质量的追求与对细节关怀的重视，使得越来越多的顾客对"巾帼西丽"这个品牌产生了十足的信任。"许多顾客要出远门，就直接把家门钥匙交给我们的员工了。"更让郭昱辰感动的是，巾帼西丽的滨江网点开业的时候，有一个顾客提前两个小时等在门口，还一次性下了两万元的单。"我们劝她说这么多钱一时半会儿用不完，她说没事，趁着优惠活动多囤点，可以慢慢用四五年了。"

让家政搭上互联网快车

在二胎政策开放、人口老龄化的大环境下，家政行业迎来了新的春天。但传统家政行业发展迟缓，长期存在价格乱、服务差、信息不透明等痛点，互联网的普及对于传统家政企业来说既是机遇也是挑战。

为了配合新形势下运营模式的转变，早在三年前，巾帼西丽就创立了"家家喜"这个独立的高端家政品牌，组建技术团队，开发了"家家喜"APP 与微信公众号，让家政也搭上了"互联网 +"的快车。"用户可以在手机终端随时随地预约下单、查询交易记录与留言反馈，打破了传统家政行业对阿姨信息的封锁，实现买方和卖方的信息对称。"

郭昱辰解释说，未来"家家喜"平台不仅能够根据用户位置就近安排员工提供服务，还可以通过对过往服务数据的分析，为用户提供更精准、优质的服务。除了公司直属可自由支配的阿姨外，"家家喜"计划通过吸引中介机构加盟，在确保服务质量的前提下，逐步扩展服务市场。"通过这种家政 O2O 的新模式，我们希望做到'三高三低'：让员工高效率、低学习成本开展工作，让消费者享受高品质、低价格服务，让平台实现高效率、低成本管理。"

2017年4月28日

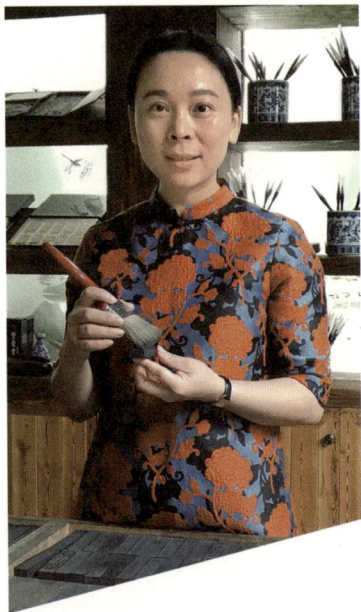

程美玲

喝了一肚子药墨水

杭州市富阳区工商业联合会执委

丰受堂墨庄庄主

程美玲

　　"喝了满肚子墨水"这句话常被用来形容一个人满腹经纶，但这话放在丰受堂墨庄庄主程美玲身上，却成为了现实。

　　在充盈着墨香的古宅之中，她身着一袭淡雅旗袍，素面朝天，单手端起一碗浓黑的药墨，仰头一饮而尽，在众人惊疑的目光中抿唇笑了笑。这个外表恬淡温婉的江南女子，骨子里却有侠客一般的潇洒落拓。

　　"许多中国家长视墨为'脏污之物'，总是让孩子们远离它，我只想以此举告诉大家，墨不仅可以是香的，甚至是可以食用的。"程美玲认为，墨不应该沦为博物馆展品被束之高阁，它应该出现在每家每户的书房里，成为一种再平常不过的生活用品。

粉墙黛瓦间以匠心制墨
筑就爱墨之人心中的桃花源

富阳龙门，据传为三国孙权故里。它以独特的明清古建筑群闻名，正如同国画大师笔下的水墨丹青，黛瓦是那隽永灵动的线条，粉墙则是富有禅意的留白。

在陶渊明笔下，武陵捕鱼人缘溪行，忽逢桃花源；在龙门古镇依溪而行，寻墨香拾级而上，就能寻到爱墨之人心中的桃花源——丰受堂墨庄。两年前，药墨传人程美玲邂逅龙门，被古镇的古韵雅意所吸引，便决意将药墨文化根植于这片相得益彰的传承土壤。

1984年出生的程美玲祖籍江西，家族世代传承徽墨，最早可追溯至明代的制墨大师程君房，到她已是第七代了。据她介绍，丰受堂出产的墨与别家不同，之所以可以安全饮用，源于其是纯天然的有机药墨，完全没有添加任何化工原料。"药墨取材自五年以上的松树。将松脂全部去除后自然阴干，烧成炭，只取烧窑内最顶上的一层炭作为原料，然后加入人参、麝香、冰片等多味名贵中草药，经过制模、烧烟、熬胶、练墨、锤墨、压墨、晾墨、修墨、描金等九道工序打磨而成。"最难能可贵的是，每一道工序都靠手工完成，且严格按照国家药械标准进行，这在当前工业墨充斥的市场上，可谓独具匠心。

在墨庄的后院，记者看到了晾晒在竹篓中的墨条，它们在古宅之中自然发酵，散发出沁人心脾的淡淡清香。程美玲轻拈墨条，一边向大家展示它们的成色，一边笑着说，由于龙门古镇的气候和水土得天独厚，制出的药墨比钢筋水泥建筑中的产物品质更好。

而在这方古宅成为孕育药墨的绝佳空间的同时，药墨也让这沉寂已久的古宅重焕生机与活力。墨庄开张两年来，接待的游客已超过 7 万人次，更吸引了文人墨客到此地探访。韩国籍的画家闵根灿和书法家黄四德等名家都曾在此留下书画墨宝，北京故宫博物院常务副院长王亚民参观墨庄后，更是热情邀约墨庄女主人携古墨赴故宫展出。

亲试家传"偏方"竟有奇效
自幼立志传承发扬药墨文化

据史料记载，以药入墨始于三国，明清两代开始广为使用。宋代的《本草衍义》中明确记载："以药入墨，墨随血走，内通五脏六腑，外透经络肌肤，无所不通。"明朝李时珍的《本草纲目》中也提到："墨气味辛温无毒，主治止血、生肌肤、合金疮，治产后血晕崩中。"

记者拜访墨庄的那天，正逢一位游客亲身体验药墨的功效。只见程美玲手执一根小小的松烟墨棒，在酒精灯上触火三秒钟后，随即顺着该游客的脸部轮廓由下往上，在法令纹、耳根、眼周等不同部位依次点灸穴位。如此点按十分钟之后，众人明显感觉到体验者面部的法令纹和眼袋变浅了。

除了触火点灸，针对另一位患有风湿性关节炎的游客，程美玲还将墨条沾水后涂抹在其膝盖关节处，并将自家研发的松烟墨宝在微波炉中加热溶化，倒入托盘中晾至膏状敷于患处。热敷四十分钟之后揭下，肉眼可见其上凝结一层水珠与寒霜。程美玲解释说，墨的分子极为微小，能够快速渗透进入人体经络，并凭借强吸附力将体内的寒湿之气"拔"出来，对于颈椎肩周不适、腰肌劳损、关节疼痛等均有一定的缓解作用。

程美玲回忆说，这药墨在家乡原本只被当作"偏方"，由于父亲是当地颇有声望的教师，邻里碰到疑难杂症便常到家中来求方。"曾有一个学生在高考之前被鱼刺卡住，火急火燎地跑来我家讨了一碗药墨喝下去，过了两天就正常去考试了，后来还顺利考上了大学。"而程美玲真正对药墨产生浓厚兴趣，是在她亲身体验其疗效之后。"小时候我腿上长疱疹，伤口感染恶化，行走都很困难，我父亲见状就为我外敷了家中自制的古墨，第二天我的伤口就没有那么疼了。"这样深刻的体验在年幼的程美玲心里播下了一颗药墨的种子，并迅速生根发芽。

此后，程美玲便坚持跟随父亲上山采集木材、药材，潜心学习制墨手艺，还在老底子的基础上不断改进配方，琢磨着如何将千年药墨文化推广发扬，让更多人受益于此。其中，松烟墨宝正是她考虑到常人对于喝墨水有心理障碍，创新研发出的新产品，已经连续三年在杭州西湖博览会上受到热捧，成为最具特色潜力的养生产品。

推动千年药墨申请非遗项目
在传承中为古墨注入新生机

早在十年前，徽墨已被列入国家级非物质文化遗产名录，但有着千年历史的药墨却鲜有人知，已经濒临失传。也正因为如此，大部分国人对药墨并不了解。程美玲因此遭到了许多误解，甚至有人认为她是个骗子。所谓良工不示人以璞，即使内心深知前路艰辛，程美玲从来没有想过放弃。

为了消除游客的疑虑，她不仅在墨庄开设了免费体验区，让游客亲身体验药墨的神奇疗效，还开辟了一方天地，摆上笔墨纸砚，专供游客现场创作。她更是设置了青少年 DIY 体验区，承接古镇亲子游。一家三口来到墨庄，小朋友可以 DIY 制墨，妈妈去做美容，爸爸则写字作画，全家人各得其所，其乐融融。

墨庄的成员虽只有寥寥数人，但都是发自内心地热爱药墨文化，尽心尽力地将药墨之精髓介绍给每一个入庄参观的客人，其中就包括龙门媳妇徐林会。她与墨庄的结缘颇有浪漫色彩。她的丈夫极爱书法，常到墨庄练笔，久而久之便与墨庄女主人熟识了，更被药墨文化所吸引。今年 4 月，她正式成为墨庄的一分子，"感觉墨庄就像我的第二个家"。

为了推动丰受堂古墨早日申请加入非遗项目，除了丰富药墨用途，程美玲还加大设计力度，让古墨不仅真材实料，还具备高颜值。她将原本其貌不扬的药墨当作文创产品来做，设计出的西湖十景墨、富春山居图墨曾分别获得杭州市优秀旅游纪念品大赛一等奖和三等奖。包装精美的丰受堂古墨还被制作成高端的礼盒，成为赠送爱好书画的亲朋好友的上佳伴手礼。

同时，她也不惧在更开放、更广阔的舞台上展示自家的产品。她曾带着产品参加浙江省女性创新创业大赛，成为唯一获奖的传承类项目，并代表富阳参加杭州西博会、深圳文博会等。在前不久召开的第十一届杭州文博会上，丰受堂墨庄也受邀参展，成为众人瞩目的一大亮点。

程美玲表示："如今民间手工制墨已寥寥无几，传承保护古墨文化迫在眉睫，这是我创办墨庄的初衷。我们会坚持在传承中创新，发扬工匠精神，将千年药墨文化推广到全国乃至全世界。"

2017年10月13日

吕益民

立足家纺行业 代言中国制造

　　"没有不好的行业，只有不好的企业。"话糙理不糙。这也是吕益民创办企业 20 年以来，深信不疑的经营哲学。

　　有人说家纺行业太过传统，但在宏都家纺董事长吕益民看来，家纺产品是生活之必需，只要企业的发展思路紧跟时代，产品的更新满足消费者需求，企业何愁没有生存空间？

　　从研发高端产品打破进口产品垄断，到大胆"走出去"经受国际市场考验，再到如今设立纺织品检验中心，尝试数字化管理生产流程，探索跨境电商新模式，吕益民的每一步都走在了同行的前面。正是这种超前的判断力与决断力，让宏都家纺得以在世界舞台上为中国制造代言。

杭州市建德市工商业联合会会长委
浙江宏都寝具有限公司董事长

吕益民

从小学老师到工厂厂长
打破进口高端衬布垄断

吕益民的创业史如同建德新安江的江水，平静中偶有急湍，深流下暗藏机锋。

青年时的吕益民顶了父亲的职，成为建德当地一所小学后勤部的一名炊事员。这份工作在那个年代颇令人羡慕，他很珍惜这个机会，但也不甘止步于此。恰逢建德一批教师到了退休的年纪，吕益民经考试选拔，以优异的成绩正式进入教师编制。由于他为人处世灵活机智，待人接物热情周到，没过几年就当上了学校的总务主任，这在当时已经相当于副乡长级别。

20世纪80年代，我国教育系统开展"勤俭办学"活动，鼓励学校根据各自特点与条件创办工厂，对师生进行"自力更生，艰苦奋斗"的教育。吕益民所在的学校也开办了一家服装衬布厂，需要擅长拓展业务的人才。"爱折腾"的吕益民自告奋勇，接下了这个任务，开始天南地北地跑业务。"我不管做什么事，除非不做，做了都要做到最好。"正是这种好胜心，让他在短短四年内从业务员晋升为厂长。

到了90年代末，国内刮起了转制的风潮，吕益民放弃了原本积累的成果，选择自立门户，从零起步重新创办了一家属于自己的工厂。1997年，他借了十几万元租下1000平方米的破旧厂房，购入一台机器，依然是做衬布，他将自己的产品定位于高端，研发出了能够替代市面上流行的进口衬布的新产品——粘合衬。

"在同等质量下，进口衬布比我们生产的粘合衬贵上一倍多，客户自然更愿意选择我们的产品。"据吕益民回忆，粘合衬很快就占领了原本由进口产品垄断的高端西装衬布市场，当时企业年销售衬布达400万米，全国衬布行业的同行们都来建德学习经验，他的风头一时无两。

大胆"走出去"，碰壁求变
产品出口占总销量 90%

进入 21 世纪以来，随着我国加入世界贸易组织，越来越多的企业家的视野不再局限于国内市场，而是放眼全球，希望自己的产品能够在世界舞台上大放异彩，"胸中有丘壑"的吕益民自然也不例外。2002 年，他带着当时的拳头产品，跟随中国贸促会前往美国纽约参加美国消费品展会。出乎意料的是，展会期间竟然没有一个客户在他的摊位前停留，这如同一盆冰水浇在原本信心十足的吕益民头上。

百思不得其解之际，朋友的话点醒了他："美国的服装生产已经转移到了发展中国家，衬布作为一种中间产品，在美国市场上并没有发展前景，自然无人问津。想要走出口这条路，必须转变发展方向，生产能够针对终端消费者的产品。"也算是因祸得福，虽然自己的衬布没有销路，但吕益民却发现了极为广阔的家纺产品市场，回国之后当机立断，开辟出了一条新的业务线。"我的想法还是一样，要做就做高端。我们不拼价格，拼质量，创品牌。"

经过一年多的努力，宏都家纺于 2003 年正式拥有自营出口权，接到了来自美国客户的第一笔订单，吕益民至今仍记得准确的数字——28790 美元。自那以后，宏都的产品逐渐在美国、巴西，中东、欧洲等国际市场上闯出了知名度与美誉度，不少客户甚至主动找上门来寻求合作。

据吕益民透露，如今宏都的出口业务已经占到了总销量的 90% 以上。为了应对国际市场上存在的风险，他自有三大绝招："首先，碰上汇率不稳定的时期，我都会考虑提前锁定汇率，在最大程度上规避汇率浮动的风险；第二是坚持买保险，如果与我交易的企业出了问题，保险公司需要赔偿我 90% 的应收款；第三，信誉度不佳的企业，自己找上门来我都不做他的生意。"这样一来，宏都每一年的销售款项，在次年三月份之前都能全部到账，确保了企业的长远可持续发展。

近几年，吕益民开始带领团队尝试跨境电商。"美国的电商平台上很少有小商户，入驻的基本都是几大主流商超与百货公司，通过与他们合作设立海外仓，能够大大缩短配送周期，让消费者尽快收到心仪的产品。"他表示，未来宏都不会改变"走出去"的经营战略，不断提升产品在国际市场上的竞争力将是长远的发展方向。

加大研发投入，设立检测中心
实现生产流程信息化管理

"家纺行业与服装行业不同，想要打造一个品牌的难度更高，因为家纺产品更具私密性，相比款式与面子，消费者更在意舒适性与实用性。"吕益民说，为了紧跟消费升级的浪潮，宏都家纺的研发团队正在开发一系列功能性产品，比如防螨虫、防红外线等，2017年6月就会有新产品面市。

许多人可能想不到，这家看似传统的家纺企业，早在几年前就被评为杭州市高新企业，目前已经拥有30多个实用新型专利，1个发明专利。吕益民表示，宏都还会继续加大研发投入，2017年计划申报20个实用新型专利，2个发明专利，力争成为国家级高新企业。

除了对产品研发不计成本的投入，吕益民于2013年投资数千万元，在企业总部设立了纺织品检测中心，引进先进的检测仪器与专业的检测人员，对纺织品进行色牢度、布料强度、布料成分等常规检测，为本地纺织类企业提供了公共的检测服务平台。检测中心在2014年通过了CNAS认证，正式成为国家认可的实验室，又在2016年获得实验室资质认定证书，真正成为一家第三方检测中心。

值得一提的是，吕益民还对传统的生产线进行了改造升级，不仅用上了全套ERP企业信息管理系统，还在工厂车间内安装视频监控系统，实现了生产流程与生产数据的实时跟踪监测。为了进一步提升生产效率，降低用人成本，宏都也在大力推行机器换人，力图实现信息化与工业化的深度融合。

在吕益民看来，加强企业内部文化建设也是企业发展的重中之重。宏都每个季度都会邀请专业的培训机构为员工培训。"我在十年前就对员工做出了四个承诺：你进了宏都，不愁工资拿不到，不愁没有活干，工资待遇在同行业里面中等偏上，十年、二十年的老员工还会有额外奖励。"他说，希望员工都能与宏都同步成长，分享企业来之不易的发展成果。

2017年5月26日

沈子恒

推动电梯产业智能化升级

杭州奥立达电梯有限公司董事长　杭州市建德市工商业联合会常委　沈子恒

　　杭州奥立达电梯有限公司位于建德杨村桥的新厂区依山而建，占地面积广阔又极具整体性的浅灰色建筑，从视觉上就给人一种简约纯粹的美感。走进厂房一观，更能感受到企业井然有序的内部环境，工人各司其职，地面光可鉴人，自动化生产线高效运转，即便不懂电梯的外行也要不由自主地赞叹一声。

　　这样的场景，是沈子恒引以为豪的企业转型升级的成果。他常常邀请意向客户到工厂去参观商谈，"只要亲自来看的，就没有不成功的"。

　　早在2005年，奥立达电梯的产值就突破了亿元大关，去年的产值更是达到了10亿元。发展到如今的规模，沈子恒说，生存已经不是首要问题，怎样把电梯做精、品牌做大，真正实现电梯生产与售后服务的智能化，是值得他用一辈子来研究的课题。

绝处逢生　势如破竹

1986年，沈子恒22岁，家中的父亲在久病卧床多年之后，还是随早亡的母亲而去，欠下了3000多元医药费。这在当时完全称得上是一笔巨款，他还记得父亲曾满怀愧疚地叹息道："你可能一辈子都还不完了。"

没有被生活的重担所压垮，沈子恒在村里承包了鱼塘与橘子田，第一年就成了"万元户"，还清债务自不必说，一下子从村里的困难户成了最早发财致富的人。就这样勤勤恳恳当了几年农人之后，1993年，乡镇计划开办一家电梯厂，邀请他入股担任工厂的副厂长，沈子恒便成了电梯厂最大的个人股东。

"那会儿10层的电梯在市场上一般要卖到70万元，真的是天价，很少有客户能够承受。"1994年，负责销售的沈子恒在广西找到了自己的第一个客户，以68万元卖出了第一部奥立达电梯。"但我们的工厂实在称不上工厂，只能算是原始的手工作坊，无论是技术还是经营管理都不成熟，到了1999年，电梯厂已经资不抵债。"

21世纪初，乡镇企业响应国家号召进行私有化改革，电梯厂却几乎无人愿意接手。沈子恒打了个生动的比方："厂里的物资只需用一辆拖拉机就可以拉光"，可以想象当时工厂的情状之萧条落魄。更糟糕的是，工人都跑光了，只剩下一个车间主任留了下来，全凭经验重新开始研发制造电梯。而沈子恒则一边当车间工人，一边当采购员与业务员，为了节约时间，大部分时间都睡在火车上。

令他惊喜的是，辛苦了一整年，奥立达电梯的营业额竟然做到了600多万元，这样的成果完全出乎他的意料，也让他的信心与干劲更足了。此后，奥立达每一年的产值都实现了翻番，直到突破1亿元产值，也依然处于平稳的增长期之中。

运筹帷幄　决胜千里

为什么奥立达电梯的市场反响这么好？沈子恒进行了一番自我总

结，坦言道："做到一定规模的电梯企业，在核心技术上相差不多，大家比拼的是对细节的打磨，以及对生产服务模式的创新。"

就拿对客户产生最直接影响的销售环节来说，得益于早年天南地北四处奔波的经历，沈子恒对于各地需求都有深入了解，较同行提前在全国范围内布点，负责各地的业务拓展与售后维修保养。与其他行业不同，电梯行业并不是一次性买卖，售后维保对于品牌口碑的树立至关重要，奥立达的这一举措显然在最大程度上保障了产品的售后服务质量，提升了用户体验，让沈子恒得以"运筹帷幄之中，决胜千里之外"。

为了进一步提升故障响应速度，奥立达电梯近年来还试点推广了物联网监控系统，即在已运行使用的电梯上安装专用软件，通过这一软件，电梯的运行状态就能被公司的终端系统以及小区住户实时监控。电梯一旦出现故障，故障原因能够立即显示在系统上，即使没有接到报修信息，维保人员也会第一时间赶到现场处理。

除了对售后服务的"互联网+"创新，奥立达也在生产环节实现了关键性创新突破。利用厂区搬迁至杨村桥的契机，沈子恒斥资近3亿元，新建了9万多平方米的现代化工厂，引进先进的技术和设备，通过"机器换人"实现自动化生产。

在奥立达电梯的生产车间里，送料机器人将待焊的组件放稳后，一旁的焊接机器人立即伸出手臂，一阵亮光闪过，一套成型的组件便被送到下一道工序。整条流水线只有一名工人在操作计算机。把一块钢板变成一体的电梯门板，需要多少时间？奥立达电梯的车间负责人会告诉你，只要一分钟。同时，如果按传统工艺生产，制板过程至少需要30人以上，如今只需要三四个人就能轻松搞定。

"机器换人的应用推广，带来了一个工业制造的新时代。它以关键制造环节智能化为核心，以网络信息传递为基础，可有效降低运营成本，提高生产效率，提升产品质量，降低资源能源消耗，从而提升核心竞争力。"沈子恒认为，虽然目前"机器换人"技术普遍还不成熟，需要机器人生产厂商与电梯制造厂商紧密合作，针对企业实际情况定制解决方案，但打造智能化工厂将是产业发展的大方向。

以德治企　以诚待人

古人云："以力服人者，非心服也，力不赡也；以德服人者，中心悦而诚服也。"难得的是，沈子恒的身上颇有古人遗风，称得上是以德治企的典范。

在从小生活的乡镇，沈子恒是以"热心肠"闻名的。地方上有一些"磕碰摩擦"，只要沈子恒出面相劝，就没有不和好的结果，甚至连夫妻离婚都能被他劝到重归于好。同样地，他也在企业中发挥了自身的亲和力与凝聚力。"许多企业家会觉得'没有我你就没饭吃'，但我对员工的态度一向是'没有你我就没饭吃'，没有他们的帮助就没有现在的我。"

抱持这样一颗感恩之心，沈子恒一直以诚待人，在最困难的时候也不曾拖欠员工一分工资。更令人惊叹的是，他甚至与供应商一手交钱一手交货，不向银行贷款，将"诚信"二字做到了极致。"要是我欠了别人的钱，我晚上都睡不着觉，何必为了占一点小便宜让自己这么累呢？"他笑言道。

虽然电梯行业竞争激烈，同行跳槽的现象也很是频繁，但沈子恒颇为自豪的是，奥立达引进的人才，至今没有一个离开。知人善任，人尽其才，道理浅显，做起来却难。"以前有老员工去外面干过，最后还是选择回来了，我依然会像欢迎家人回家一样接纳他们，因为他们的能力我非常清楚，也知道他们最适合待在哪个岗位上。"

真诚、胸怀加上魄力，可见一位企业家的可贵品质，也能够成为激发人才潜能的催化剂，成为引领企业稳步向前发展的指向标。

2017年6月2日

洪宇锋
"灵光一现"背后的漫道求索

在人类科技史上，很多改变历史进程的发明创造，都被后人演绎为头脑的"灵光一现"：古希腊数学家阿基米德浸浴时顿悟，用比重来计算王冠中的黄金含量；英国科学家牛顿被从天而降的苹果砸中，发现了万有引力；德国化学家凯库勒在睡梦中看到蛇用头咬着自己的尾巴形成一个圆圈，从中得到启示，创建了苯的环状分子式……

在建德市双超钙业有限公司董事长洪宇锋的人生中，确实经历过多次"灵光一现"。他每每感觉自己"行到水穷处"时，总会出现新的转机。"所以无论有多难，都要坚持，放弃了就一切归零，你永远不可能看到下一刻的柳暗花明，体会不到那种豁然开朗的喜悦。"

"灵光一现"需要难得的机遇，但"临门一脚"前的铺垫却是漫长而煎熬的。从日常生活的细微中发现问题的能力，是洪宇锋十年如一日的技术锤炼与实践打磨。受幸运女神眷顾的人，总有超凡的意志与不屈的灵魂。

二十年坚持做"石头的文章"
水泥技术骨干跨界发展钙业

　　新安江穿建德城区而过。洪宇锋的新办公地点临江而建，从明亮的落地窗向外望，深秋的暖阳洒落在江面上，波光潋滟，隐约可见江对岸青山逶迤，蓊蓊郁郁。正应了那句话：在建德，不做水的文章，就做石头的文章。洪宇锋过去几十年的生涯，都与建德的山山水水紧密相连。

　　20世纪90年代，刚刚20岁出头的洪宇锋，只是省二轻系统下属水泥厂的一名普通工人。几年之后，他研制水泥的技术水平，已经在杭州市乃至浙江省水泥行业内，都小有名气。旁人道他是"老天爷赏碗饭吃"，只有他自己清楚，他是如何一年365天每天从早上6点工作到晚上10点，在车间里埋头钻研水泥的最佳原料配比。

　　当时我国正处于改革开放初期，社会进入高速建设期，全国各地对优质水泥的需求可以用供不应求来形容，大大小小的水泥厂遍地开花。建德境域内水系发达，山地与丘陵接近总面积的90%，以如此丰富的自然资源为基础，水泥自然也成了建德的一大特色产业。

　　这其中就有一家水泥厂，创办三个月都没能生产出合格的产品，负责人主动找到洪宇锋，高薪聘请他做技术指导。"我把产品质量扭转过来之后，厂里的效益仍然不好，老板索性就把工厂承包给我了。"通过对工艺流程的精细管控，水泥厂的产出大大提升，洪宇锋赚到了真正意义上的人生第一桶金。

　　即便如此，寄人篱下总归不是长久之计。有一回，老板的一句话刺痛了洪宇锋："总是用别人现成的厂来赚钱算什么本事？有本事你就自己办厂！"说者无心，听者有意，洪宇锋开始认真思考自己办厂的可行性。"水泥厂的竞争已经很激烈了，碳酸钙的制造原理与水泥有相通之处，可以在建德就地取材，生产成本也不高，要不就办个钙厂吧！"就这样，他一边维持自己的水泥业务，一边开始投资创立双超钙业，开启了事业的新起点。

迎难而上制出高端纳米钙
与合作伙伴实现双生共赢

"我原本以为自己对水泥有一番研究，研制碳酸钙肯定没问题。没想到一个是建材行业，一个是化工行业，完全是不同的领域，真的是隔行如隔山。"洪宇锋坦言，最初即使是研制普通的碳酸钙，也让他费尽心力，第一年就亏损了600万元。"我几乎把东西南北中的专家都找了个遍，可惜懂工艺的不懂设备，懂设备的不懂工艺，还是得靠自己。"

当时，洪宇锋听说河北工大有一位教授，对于纳米碳酸钙的研制很有研究，便自己带上石材不远千里前去求教。当时全国只有一两个工厂能做出纳米钙，每个月的产量只有1000吨左右，而市场需求却有20多万吨。虽然深知背后的难度，也听说过碳酸钙行业内流传的一句话："要想死得快，就上纳米钙"，洪宇锋还是想试一试，"要做就做行业高端"。

在观看教授演示研制纳米钙的全过程之后，他通过一遍又一遍的亲身试验，终于领悟出了其中的奥义：其实关键就是控制反应温度。在无数次失败之后，他用自己的石材成功研制出了质量过关的纳米钙。一位行业资深专家到厂里参观时，对双超出品的纳米钙大加赞赏，并为洪宇锋指点了一条与产品对应的销路——以纳米钙为原料的硅铜密封胶。

原来，广泛应用于建筑工程、汽车、电子器械等领域的硅铜密封胶，正是纳米钙的下游产品，而附近正好有一家企业专门生产硅铜密封胶。得知消息的第二天，洪宇锋就登门拜访那家企业，却吃了一记闭门羹。"他们老总认为建德不会有工厂能生产出纳米钙，根本不愿意给我们试样的机会。"

产品推销不出去，洪宇锋并没有就此放弃，他让双超的销售员有事没事就去那家企业串门，以交朋友的心态与企业员工保持来往。"两年之后，那家企业碰上了难题，原供应商突然供不上货了，采购员同意让我们试一下。最后试样过关了，而且我们的供货价格比原渠道便宜 20%。"企业老总这才注意到了双超钙业这家不起眼的小工厂，他热情接待了洪宇锋，说："你能不能研制出跟日本出产的一种纳米钙一样的产品？行的话，以后就用你们的产品！"洪宇锋毫不犹豫地回答："当然行，只要你们全力支持我！"

后来洪宇锋才得知，那家企业当天就开了一个内部会议，决定要"就近培养质量稳定的供应商"，将搞生产的、搞设备的人才直接派到工厂来，帮助双超做出符合他们标准的产品。"一般企业只准你试一次样，但是我们能试无数次，直到做出合格的产品。"那一年，双超成功研制出了完全可替代日本出产的纳米钙，两家企业从此成为最为亲密的战略合作伙伴。

这家硅铜密封胶企业十年前的销售额不到 2 亿元，2016 年已经做到了 15 亿元的销售额，他们 90% 的原材料用的都是双超的产品，而双超也成长为浙江省纳米钙行业的龙头企业，两家实现了双生共赢。

遭遇瓶颈总能"灵光一现"
未来目标是在五年后上市

洪宇锋与纳米钙做"斗争"的经历，颇有几分传奇色彩，每每遭遇瓶颈，他总会碰上"灵光一现"。比如有一段时间，新产品试验一直不成功，他一气之下把一瓶冰矿泉水倒了下去。这时厂里正好有客人需要接待，他过了 40 分钟后回到车间，发现竟然成功了。原来问题的关键就在于设备没有安装冷却系统，导致反应温度过高。

还有一次，洪宇锋连续试验了 70 多次，产品总有几个指标显示不正常。"那天我去接儿子放学，等了很久，看着街边的一家蛋糕店发呆，看到烘焙师正在往蛋糕坯上挤奶油。"说到这里，他神秘地笑笑，卖了个关子，"你猜怎么着？"那时，他突然就想到了产品失败的原因在于涂层不均匀，于是立马打电话给厂里的技术员，当天晚上就传来了好消息。

"低端碳酸钙产品的市场竞争异常激烈，已经严重过剩了，只有坚持走高端路线才有出路。我们的产品跟国外的相比还是有差距的，比如美国的一款高端纳米钙产品，在海上运输三个月到国内依然没有任何问题，但我们的同类产品存放时间一长就会变质。针对这款产品我们还在不断改进工艺。"对于洪宇锋来说，攻克技术难题既给他带来烦恼，也让他乐此不疲。"最让我头痛的不是产品做不出来，而是有不少国外的产品我们也能做，却得不到国内下游厂商的认可。我希望能扭转这种对'中国制造'的偏见，为行业树立标杆。"

　　洪宇锋表示，作为一家年产4万吨的"小而精"的公司，双超目前正在逐渐扩大规模，计划向下游产品延伸，扩大增量市场。"我们希望能在五年后，与其他行业内的优秀企业一同整合上市，用资本的力量助力双超发展壮大！"

2017年11月17日

张国良

做一行爱一行专一行

　　杭派女装圈内的人听说张国良开了一家投资公司，都忍不住评上一句："他在瞎搞吧。"

　　一个做了20多年女装的人，突然跑去搞投资，以常人的思维揣度一番，这样的举动总是与盲目、冒进这样的形容词分不开的。殊不知，张国良本就不是常人。

　　"我非常热爱服装行业，我敢说我是全中国最懂羽绒服的人，但这不妨碍我同样热爱投资行业，并且成为一名金融投资专家。"张国良的自信仿佛是从骨子里透出来的，让人不得不信服。

　　成立短短一年时间，华点投资的第一个2亿基金所投的项目估值均已翻倍，其中基于云端技术的SaaS互联网项目"银盒子"更是将被支付宝并购。"今年华点投资的管理规模将达到10个亿，未来5年内有望实现百亿计划。"对于老同行们的种种猜测，张国良选择淡然笑对。

杭州华点投资管理有限公司董事长

杭州杭派女装商会理事

张国良

20 年女装路甘苦自知
要做羽绒服中的艺术家

就在采访的前几天，张国良被邀请去某知名女装品牌，原以为只是与老朋友聊聊天，到了才知道要给上百名员工做培训。虽然没做任何准备，但他也丝毫没有怯场，专业见解张口就来。显然，这样的功力不是一朝一夕练就的，而是经历了 20 多年的深厚积淀。

20 世纪 90 年代，杭州四季青服装市场是中国最具影响力的服装一级批发与流通市场之一，承载着千千万万服装人发家致富的原始梦想，初出茅庐的张国良也是其中的一员。小档口做生意也大有技巧，与其他同行"什么产品好卖就卖什么"不同，张国良很早就开始思考自身的品牌定位。"再好卖的单品，七零八落地摆在摊位上也形成不了气候，我进货的时候都会考虑视觉整体性，分成几个系列进行产品销售，每年都能赚 100 多万元。"

积累了一定的原始资本之后，张国良创办了自己的工厂，专注于羽绒服的生产销售。"我们把每一件羽绒衣当作工艺品对待，坚持做精做细，一针一线都是我亲自把控。"同时，他再次找准了自身定位，突破了羽绒服御寒保暖的功能性特点，将时装的概念融入其中，产品受到了众多女性消费者的追捧。据张国良回忆，原创羽绒服品牌爱美斯一度成了全国细分市场的第一品牌，最高峰时期在全国拥有 1000 个销售网点。

但张国良的女装事业并不是一直顺风顺水的，近年来也走过一些弯路——从只做单品到经营全品类女装、入驻各大商城拓宽销售渠道、试水电商展开全网营销，百般折腾之后，亏损事小，品牌形象受损事大。

"中国 90% 的企业都败在不聚焦上，拼量、拼价格、拼速度都是走不长远的，打造一个成功的品牌靠的是品质与文化。"基于这个沉痛的教训，张国良当机立断砍掉了其他的业务线，重新聚焦到了自己最擅长的羽绒服。"我们要打造最有文化的羽绒服品牌，做羽绒服中的艺术家，不计成本，精益求精地设计、制作每一件羽绒服，未来三五年把店开到欧洲去。"

从 LP 到 GP 的探索之路
构建高门槛资源生态圈

"其实做服装只是我的副业，交给我背后的团队就可以，我现在的角色已经是金融专家了。"张国良在某知名女装公司的培训课结束时撂下这句话，让众人目瞪口呆。

早在十年前，张国良就开始在业余时间"充电"，辗转全国各大名校研修与企业管理相关的课程。2009年，他在清华大学第一次修读了私募股权投资，接触到了这种独具魅力的资产配置方式。"股权投资的本质就是把社会闲散资金集中起来，由专业的团队进行管理配置，帮助社会上最有发展潜力的公司快速成长起来，走向资本市场。这对于提升国内创新企业的竞争力，推动整个社会经济的发展都有促进作用。"

在正式创立华点投资之前，张国良曾作为知名投资机构的 LP（有限合伙人）参与了多个创业项目的投资，对投资行业有了更加深入的认知。2013年，他在浙江大学开设的董事长金融班内结识了多位拥有几十年实业经验并且资金雄厚的企业家。大家对于转型做 GP（普通合伙人）创办投资公司这个想法一拍即合，一致推选张国良担任公司董事长。

从公司选址、团队组建，到申请私募牌照、筹资设立基金，都经过张国良与合伙人谨慎的决策，遵守严格的标准，执行规范的流程。"我们希望华点投资能够成为一家百年企业，而不是抱着追逐短期利益的赌徒心理；2亿元的初始资金里有 50% 都是我们股东自己的，因此我们会比其他投资机构更重视风控，更审慎地做出每一个投资决策。"

当前的社会不缺资本，而是缺少优质资产，做投资最苦恼的莫过于项目来源。"你的圈子在哪里，项目就在哪里，圈子的高度与项目的质量成正比。"公司正式成立之后，张国良不仅带领团队花半年时间走访了全国各地的金融办、知名投资机构以及大大小小的创业园区，还专门报考了长江商学院，并凭借优异的成绩被录取，由此建构起一个草根投资者很难触及的资源生态圈。

坚持实地走访每个项目
战略投资布局产业链

有人或许会质疑，一个原本从事服装行业的人，如何拥有挑选项目的精准判断力与毒辣眼光？对此张国良显得颇为自信："只有真正做过实体企业的人，才能成为一名优秀的投资人，因为无论是对政策方向的判断，对供应链的把控，还是对人性的理解，都要靠丰富的实践经验与人生阅历。"

张国良表示，他对一个项目的判断不会依靠一份书面材料，只有与项目方进行面对面交流和实地走访，才能真正了解它靠不靠谱。"从事服装行业的人不怕苦，我如果白天约不到项目，晚上也会跑过去跟他们聊，聊完之后心里就有数了。"挑选项目的标准是全方位的，首先要看其所在的行业是不是符合国家未来发展方向，同时创始人的人品胸怀、团队配置、商业模式、竞争壁垒、应用前景等各个环节的考量也缺一不可。

据了解，华点投资重点投资的领域有两个——医疗大健康与TMT（Technology，Media，Telecom 科技、媒体与通信），这是基于六位股东在业界的深厚资源以及管理团队的专业素养。"比如投资一个新药项目，我们能比别人以更低的估值拿到更多的股权，因为我们能为项目对接其所需的后端市场资源，保证销售额的几何式上涨。"他解释说，通过这种战略投资，项目方能够快速扩展业务，发展壮大，并且顺利走向资本市场；而投资方则布局产业链上下游，逐渐构建起完整的生态圈，从而促进整个行业的发展。

"作为投资人，我每天都在接触最优秀的人才与最前沿的思想，视野与高度都跟原来完全不一样了，对我的老本行服装业也产生了很多新思路。"张国良十分鼓励实体企业家在夯实主业的基础上一起参与到投资事业中来，甚至大胆放话：“我敢说，我的服装企业将来一定是上市公司。”

　　如今，他一边奔波于全国各地搜寻优质项目，一边保持着高强度的学习节奏，致力于成为全领域的专家。"想要成功必须付出不亚于任何人的努力。人越努力越有精神，我现在感觉自己强大得连细菌都侵入不了。"送走我们迎接下一波客人，张国良的脸上依然没有一丝倦色。

2017年3月24日

陈 双

打造企业采购交易第一品牌

杭州市紧固件行业商会常务理事
紧商科技股份有限公司总经理

陈双

2017年，是紧商科技股份有限公司总经理陈双在紧固件行业的第九年，他感觉自己比以往任何时候都要有干劲。

八年前，他验证了互联网与紧固件行业结合的可行性，建立了业内第一个紧固件电商平台。如今，陈双敏锐地感觉到，属于整个制造业的互联网变革已经来临。"通过建立网上交易服务平台，我们将行业上下游资源整合起来，在帮助上游精准对接客户、实现定制化生产的同时，为下游企业提供生产原、辅材料乃至日常生活用品，帮助他们节约采购成本，提高生产效率，从而实现多主体互利共赢。"

自2016年2月成立以来，紧商网的销售额以每个月30%的速度高速增长，目前网站的月销售额已经达到3000多万元，注册企业达到1万多家。陈双表示，他的目标是在2019年做到60亿元。

曾建立首个紧固件电商平台
助力经销商转型服务商

"虽然现在许多工业企业都在尝试建立电商平台，但我们是紧固件这个细分行业里第一个有这个想法并且加以实施的。"据陈双回忆，早在2009年，他就有意开拓网络渠道，打造一个"淘宝版"的紧固件网上市场。

这个网上市场在当时确实做起来了，它就是紧商网的前身——杭州一键通电子商务有限公司。"由于紧固件行业品类多达上亿种，上游厂家与下游企业的信息不对称，上游不知道客户在哪里，下游又无法快速找到优质货源，一键通的思路很简单，就是起到撮合与匹配的作用。"陈双说，之所以有创建这样一个平台的念头，是基于其在母公司奥展实业有限公司主管销售业务时，深刻了解到其中存在的客户需求与行业痛点。

虽然在整体思路与大方向上顺应了互联网潮流，但坚持了几年之后，一键通这个项目还是走进了瓶颈期。在与客户及经销商的磨合中，他发现了问题所在："价格的透明带给一些从业者不小的压力，而且这种模式在一定程度上损害了跟随奥展多年的经销商的利益，所以推进速度缓慢。"

2016年2月，紧商网在一键通的基础上组建成立。"互联网与电商已经发展到了成熟阶段，紧固件行业乃至整个制造业普遍开始接受这种交易模式，我们认为再次尝试建立行业平台的时机到了。"针对原先摔过的跟斗，陈双有了新对策，"我们不能把经销商撇到一边，必须把他们容纳到整个生态中来，帮助他们从原来的角色转型为服务商，实现共同成长与共同发展。"

什么是服务商？他具体解释说："他们不需要直接销售产品，只需要向区域内的客户提供售后维保、专业咨询等配套服务，同时负责当地的市场拓展与宣传推介工作。"2017年3月，紧商科技股份有限公司召开了第一次区域总代理服务商签约会。来自全国各地近百位服务商代表参加了此次会议，首批签约成功 100 多个地区。陈双表示，2017 年计划签约 300 家全国服务商，最终将签约 5000 家。

100 万件有 10 万件送客户
品类覆盖制造业日常所需

自 2016 年以来，全国诸多制造业企业都收到了紧商的礼物，有茶叶，有红酒，有男士衬衫，甚至还有女孩子最心仪的口红。这样特殊的礼物把业界同仁弄得一头雾水："紧商网不是一个紧固件商城吗？怎么还卖这些五花八门的产品？"

陈双告诉记者，当初的一键通确实仅仅聚焦于紧固件产品的销售，但团队在平台运营过程中发现，企业的采购需求并不只局限于工业品，逢年过节发放的员工福利乃至员工的日常用品，都是采购员需要操心的事。"采购标的的多样化与货源的分散，不仅浪费了大量的人力物力，也难以保证货品的质量。"正是因为如此，紧商网在紧固件销售的基础上进行产品延伸，计划逐渐覆盖所有制造业企业日常所需的产品品类。

"紧商网不是简单的撮合平台，网站上架的所有产品都经过我们的严格把关，甚至可以说都是经过我们亲身使用体验，精挑细选出来的优质货源。同时，我们还对这些货源进行标准化管理与批量化订购，把成本降下来，让利于客户。"陈双表示，由于平台尚处于起步阶段，为了积累良好的客户口碑，紧商网每采购 100 万件商品，就有 10 万件商品免费赠送给客户试用，再根据客户的信息反馈不断调整完善。

除了严控品质，紧商网还独创远期交易功能模块，试图进一步提升企业的采购效率，降低企业采购成本。供应端与采购端都可以在网站上发布货源信息或采购需求，注明交货日期、价格、数量等基本信息，形成一个双向选择、公开透明的良性交易生态。供货方能够更精准地找到自己的客户，企业完全可以一次性采购一整年的物料，要求网站到点送货即可。

为了保障交易双方的利益，陈双与团队也设计了相应的风控措施："网站上的所有卖家都需要缴纳一定的保证金，一旦违约，平台只抽取 5% 的保证金，其余的都用于弥补客户的损失。"

从源头上把控货源品质
未来将建立物流配送基地

走进位于紧商总部的仓库，你能看到上百种男士衬衫的样衣整齐地陈列在物架上，从最质朴的白衬衫到充满年轻活力的格子衬衫，不一而足。陈双颇为自豪地告诉记者，这些衬衫不是从外面直接采购而来的，而是由紧商的服装事业部自主设计，并由为大牌男装代工的工厂生产的。类似这样的事业部，紧商内部已经成立了八个，分别负责八个品类的设计品控，并且还在继续增加中。

"我们坚信要用专业的人做专业的事，在紧固件产品上我们自信已经是专家，但对其他品类的把控还有欠缺。成立这些事业部，也是为了从源头上把控货源，成为全品类的专家。"陈双坦言，公司在起步阶段只有五六个人，员工招聘很困难，客户也对企业的发展前景抱有怀疑心态。但通过一步一步地证明自己，紧商网如今已经拥有 70 多名员工，也积累起了一批忠实用户。

他表示，下一阶段紧商将在长三角、珠三角、渤海湾以及西南地区建立物流配送基地，建立温州电商产业园，以杭州湾为中心打造一中心五基地，实现全国企业服务配送全覆盖，从而打造全球企业采购交易第一品牌。

2017年3月30日

刘海浪

创新是对需求的极致理解

杭州中恒派威电源有限公司总经理

杭州市城市照明行业协会理事

刘海浪

　　华为人一向以狼性著称，华为出身的刘海浪，身上同样具有狼的特性。

　　他有敏锐的嗅觉，对市场近乎偏执的关注、对客户的尊重与敬畏，让他在技术攻坚与市场开拓之间游刃有余，无往不利；他有本能的危机感，无论身处逆境还是顺境，刀刃不钝，剑锋不藏；他有不破不立的狠劲，一旦出手，招招击中要害。

　　但从另一面看，他的平和与谦逊仿佛也是骨子里的东西，与之交谈如沐春风，感受不到丝毫令人不适的攻击性。这种野性与理性的平衡，不得不令人惊叹。

华为七年路练技炼心
从研发到销售华丽转身

2006年，大学刚毕业的刘海浪，进了华为工作。由于本科学的是电子信息工程，研究生修读检测技术与自动化装置，刘海浪最初从事的是与专业所长极为匹配的交换机开发工作。

优秀的研发人员除了闭门造车、埋头苦干，及时跟进市场动态、了解客户需求，也是必备技能。在这一点上，刘海浪对市场趋势的关注与客户需求的理解，仿佛是与生俱来的本能。"我平时常常跟市场部的同事沟通交流，他们都认为我的性格非常适合做销售。"一年之后，刘海浪通过华为内部的推荐与考核，正式转岗到了市场部。

出乎他意料的是，转岗后的第一个任务，是去非洲参与区域市场的运作。"我当时还是人生第一次出国，一个人提着三个箱子四个包，转了四次机抵达尼日利亚首都阿布贾，兜兜转转才与当地同事会合。"刘海浪回忆说，"华为要求每个员工都有独立解决问题的能力，下达工作指令之后，不会帮你做安排，一切都要自己摸索前行。"

十年前，非洲的通信基础建设处于起步阶段，正是开辟市场的绝佳时机。在与诺基亚、爱立信等国际通信巨头同场竞技的过程中，刘海浪与同事们没有示弱，反倒是遇强则强，为"中国制造"正名。当时华为驻尼日利亚的销售团队只有八九个人，一年的销售额却高达8亿美元。现在回想起来，他认为最关键的还是站在客户角度考虑问题，积极适应当地的宗教、文化与风俗习惯，努力融入当地社会。

国外两年的历练之后，刘海浪很快成为能够独当一面的销售人才，他被总部抽调回国，先后在北京、浙江、湖南等地开拓区域市场。直到2012年6月离开华为，他在华为度过了意义非凡的七年。

"我非常庆幸人生第一份工作就进入了华为。在华为的七年，我的人生观与世界观都犹如再造。"他发自肺腑地说，"华为不仅教会我专业技能与管理经验，也让我养成了良好的职业素养与工作习惯，更重要的是让我学会'做事之前先做人'。所谓'小胜靠智，大胜在德'，一次成功或许只是偶然，只有懂得如何做人，才能持续不断地成功。"

走出舒适区投身照明业
成为国家重大项目供应商

在华为的第七个年头，刘海浪对自己的事业产生了新的思考。毫无疑问，继续待在华为是一条顺风顺水的康庄大道，但他本人已经从高速成长状态进入了舒适区，这肯定不是好事。刘海浪似乎感受到了另一片天地的召唤，鼓动他清空自己，重新出发。

"国内的通信行业已经发展得比较成熟，但是还有许多行业在标准化、系统性与国际化上有欠缺。我觉得是时候把我在华为学到的东西，应用到其他行业中去，从而推动整个行业的良性发展。"抱着这样的信念，刘海浪毅然从华为辞职，投身照明行业，先任杭州杭科光电股份有限公司副总经理，从事 LED 照明光源研发与生产；后于2015年出任杭州中恒派威电源有限公司总经理，从事 LED 照明及景观亮化电源的研发与生产。

加入中恒派威之后，他一方面大刀阔斧地革新企业制度流程，以华为员工的标准严格要求企业员工；另一方面重视企业文化的构建，强调以客户为中心，要求员工务必让客户感受到企业的优质服务。"客户全天 24 小时都可以联系到我们，所有问题都会在 24 小时内得到解决。对于标准化产品，我们可以无偿为客户提供技术培训，为招投标提供技术支撑；对于客户的定制化需求，我们也会及时响应，即使成本高一些也会做，希望能帮助客户提升他们的竞争力。"

科学的理念也需要实践的验证，这两年以来，刘海浪推行的管理模式落地效果如何？他分享了一组惊人的数据——企业人数减少一半，业绩增长了 4 倍，获得 50 项发明专利。同时，中恒派威参与了多个国家重大景观照明工程的建设，成为电源及控制系统的核心供应商。"我们是整个亮化工程的底层基础，负责能源的输送与控制，保障系统稳定运行。简单来说，就是把控什么时候亮什么时候不亮，哪里亮哪里不亮。"

2016年，中恒派威参与了杭州 G20峰会的景观照明建设，杭州奥体博览中心主体育场、钱塘江南岸沿线、复兴大桥等亮化工程都应用了中恒派威的产品。据刘海浪透露，在所有 G20景观亮化工程中，中恒派威的产品应用占比高达 70% — 80%，目前依然保持零损坏的纪录。企业为此获得了"第十一届中照照明奖照明工程设计奖一等奖""杭州 G20峰会照明建设贡献奖""2016年度'保俶杯'杭州 G20峰会专项景观照明一等奖"等重量级奖项。

2017年，中恒派威经历层层筛选，还陆续拿下了北京天安门长安街中华灯、厦门金砖五国会议亮化这两个国家级重点项目。刘海浪说，企业的发展速度已经远远超出他最初的想象。

产品不良率远低于行业标准
以客户需求为导向持续创新

中恒派威成立只有五年，是凭什么与那些已有一二十年积淀的老牌企业竞争，并且立于不败之地的呢？谈及这个话题，刘海浪底气十足，言语间尽显不骄不躁的淡然。

"我们的产品不良率不到行业要求的十分之一，只要用过一次我们的产品，客户就会一直选用。"刘海浪说，中恒派威从来不参与低价竞争，而是坚信只要品质过硬，即使价格高一点，重视工程质量的高端客户会找上门来。可以说，"中恒派威"已经成为业内的一块金字招牌。

除了产品品质佳，刘海浪表示，企业研发团队的创新能力也处于行业领先地位。"我本人是 80后，但是我的团队都比我年轻，他们有源源不断的创新活力。"2017年年初，科技部"十三五规划"正式将"智慧照明"定义为照明行业的技术发展方向，中恒派威作为唯一的电源及控制系统厂家参与了该课题的研究。"其实我们早就在开发智慧照明系列产品，国家的认可验证了我们对技术创新方向的正确判断。"

据了解，智慧照明是通过 PLC 电力线载波通信技术和无线 GPRS/CDMA/NB-IoT/Zigbee 通信技术等，实现对路灯的远程管理，能够大幅节省电力资源，提升公共照明管理水平。"我们设计的智慧路灯解决方案集 WIFI、安防监控、空气质量检测仪、广告显示屏、电动车充电桩等多功能于一体，由统一平台进行数据存储与集中控制，各个子系统的核心技术都由我们自主研发。"

在刘海浪看来，创新必须建立在对客户应用需求的准确把握之上，实践才能出真知。"一年 365 天，我至少有 300 天在外面出差，与资深的行业专家交流想法，在服务客户过程中发现需求；也只有了解真实的需求，才能定义标准。"据他介绍，中恒派威是中国道路照明驱动电源与中国景观亮化电源的标准起草单位，也是中国智慧照明标准的参与单位。

谈及下一阶段的规划，刘海浪毫不掩藏自己的野心："三年后带领中恒派威在创业板或中小板上市，实现五亿元产值，五年后产值达十亿元。"

2017年8月4日

江芬儿
一餐一饭皆是心血浇灌

　　《伊索寓言》中有这样一个故事：一条猎狗追赶一只兔子，追了很久仍未抓到，一个牧羊人见此情景讥笑猎狗说："你们两个之间小的反而跑得快得多。"猎狗回答说："你不知道我们俩是完全不同的，我仅为一餐饭而跑，而它却是为性命而跑啊！"

　　十年前，杭州冠华王食品有限公司董事长江芬儿的兔子"飞上了天"，"冠华王"牌兔肉丝登上了杭州飞往全国各地的20多个航班，成为人们空中旅行的休闲食品。近年来，江芬儿又带领团队研制出了铁路营养套餐，让乘客在动车与高铁上也能品尝到不亚于专业餐厅的营养美味。

　　就像古老寓言中所说的那样，对于普通人来说是稀松平常的一顿餐食，在江芬儿眼里却如同身家性命一般重要。正是因为她灌注心血研制每一份营养餐，将每一次创新发展的机遇视作一场竭尽全力的狂奔，才造就了如今的冠华王。

杭州冠华王食品有限公司董事长　江芬儿

下海创业带动乡亲致富
创新经营成为"全国兔王"

江芬儿拥有典型的江南女子面容，柳叶眉、瓜子脸，但她眉宇间的英气、眼神中的坚毅，却让人无法忽略她性情中的硬度与韧性，尽显其柔而不弱、美而不娇的气质。

1979年，高中毕业的江芬儿考取了桐庐县技工学校，学的是大家眼中男孩子才会选择的专业——工业机械，毕业后凭借优异的成绩被分配到了自行车链条厂，当时这份安稳的工作是许多同龄人所向往的"铁饭碗"。

随着我国改革开放的步步深入，从小立志干一番大事业的她辞去县城的工作，回到家乡广阔的农村开始创业，与哥哥一同创办了桐庐冠华兔业有限公司。"受到中共十一届三中全会提倡农村经济体制改革，发展多种经营方式的启发，我们想到桐庐山区非常适合养兔，完全可以'靠山吃山'，带动家乡的剩余劳动力发展兔业。"1999年，江芬儿发起成立桐庐县第一家农民专业合作社，成功走出了"公司＋合作社＋农户"的生产模式与"产销一条龙，科工贸一体化"的经营模式相结合的致富之路，她本人也获得了"全国兔王"的美誉。当时在桐庐刮起了一阵养兔的风潮，流传着"一家人养一只兔，一年的柴米油盐不用愁"的说法。

冠华兔业之所以得到如此迅速的发展，与江芬儿超前的创新经营思路密不可分。她从国外引进了比利时、新西兰肉兔，这些品种的兔子不仅生长发育速度快，还富有更高的营养价值，受到了消费者的欢迎；她还聘请国外的兔子养殖专家来做技术指导，可谓开了行业先河。江芬儿带领团队研制出了多种口味的兔腿、辣兔头、兔肉丝等产品，每天能在超市卖出100多公斤，销售供不应求。凭借良好的市场声誉，"冠华王"牌兔肉丝逐渐将销路扩展至铁路与航空，一举"飞上了天"。

但到了2003年，由于受到非典影响，冠华兔业的厂区一下子冷清起来，库存兔肉一天天堆积，销售业绩下滑了80%，公司几乎陷入破产境地。在这样严峻的情势下，江芬儿想到了电子商务，成为阿里巴巴的早期会员，希望通过互联网找到新的销路。她没有料到，抱着试一试的心态，冠华兔业竟成了国内第一批"触网"的农业企业。借助电子商务的力量，冠华的产品开始迈出国门走向世界，甚至销往了印度洋上的一个小小岛国马尔代夫，单笔成交额高达500万美元。

2004年秋天，第一届网商大会在杭州世贸中心召开，马云把他的大小客户召集在一起，发表了名为《蚂蚁兵团可以战胜大象》的演说。江芬儿受邀参加了这场网商大会，与阿里巴巴共同见证了中国农业电商发展的新起点。

与国家铁路事业同步发展
创新研制列车营养套餐

虽然兔肉生意开展得如火如荼，但是江芬儿从未想过就此停下创新发展的脚步。过去十年，是我国铁路事业高速发展的十年，凭借敏锐的市场洞察力，她牢牢抓住了这样的机遇，在铁路配餐市场开辟出了一方广阔天地。

2008年，中国第一条拥有完全自主知识产权的高速铁路京津城际铁路开通。铁路建设得到了长足发展，乘客的用餐体验却没有跟上，江芬儿由此萌生了研制铁路营养套餐的想法。基于冠华王多年来与铁路部门的紧密合作，以及铁路配餐领域专业供应商的长期空白，她的提议马上得到了铁路部门的大力支持。

铁路营养套餐项目于2008年开始立项调研，江芬儿辗转世界各地的动车高铁，学习借鉴铁路方便米饭的经验。与此同时，她牵头成立冠华食品研发中心，并在半年后研制出营养合理、配方科学、口感独特的常温营养套餐。产品经过各相关部门的检测，陆续完成了QS生产许可证、ISO9001质量管理体系、22000食品安全管理体系及HACCP等一系列高标准、严要求的认证，使传统的中式肉品烹饪技术走向工业化生产。

"每一份套餐都是经过国家特一级厨师不断尝试，最终确定下来的最佳搭配方案，而且非常具有杭州本土特色。"江芬儿说，"冠华王"牌的梅干菜扣肉、笋干烧肉、杭州狮子头等套餐在铁路市场上一经推出，销量便从几十份很快增长到了几百份、几千份，并保持每年翻一番的增速。2011年，为了进一步提升套餐口感，满足乘客的多样化需求，江芬儿又带领团队研制出了保质期为24小时的冷鲜饭，如今已经成为铁路乘客的主流选择。

据她透露，在2016年举办的杭州G20峰会期间，国家有关部门领导人与会议安保工作人员往返北京与杭州的任务车餐食，就是由冠华王负责供应的。而2017年9月即将在厦门召开的金砖五国会议，也已经预订了冠华王的营养套餐。

从源头确保食材品质
参与制定国内行业标准

"一份小小的盒饭在常人看来或许并不起眼，但里头不知道凝聚了多少人的心血。"在采访过程中，江芬儿向记者揭秘了一份小盒饭里面的大学问。

首先是原材料的精挑细选。按照"公司＋合作社＋基地"的生产经营模式，江芬儿自建了1000多亩的蔬菜瓜果基地，与浙江省农科院合作探索循环农业；同时与当地一些大型的农民专业合作社签订计划生产合同与产品收购合同，解决了当地农户的销路问题，带动他们共同致富。"冠华王所有产品的原料辅料都有过硬的品牌支持，可实现原产地的追溯。其中像油、米这样的关键原料，我们都到原产地进行了实地考察，并且不定期检测当地的土壤、水源等指标，从源头确保其安全性。"她强调，"冠华王"牌的方便米饭都是产自五常的稻花香米，饭盒采用可降解材料，不会对环境造成污染。

把一份盒饭送到铁路上到底有多不容易？江芬儿解释说，冠华王的食品工厂是以生产药品的标准来设计并运作的，整个生产流程须经过几十道关的把控，光是原料的分拣环节就需要五六十人把关。从生产、加工到冷链运输，再算上不可避免的损耗，其间产生的成本可想而知。

"铁路部门对食品安全非常重视，工作人员经常上门突击抽查，但是我们从来都不担心，反而非常欢迎他们。"凭借经得住考验的产品品质，冠华王也参与制定了国内 4 项行业标准，并成功申请了 1 项发明专利、4 项实用新型专利和 12 项外观设计专利。

如今，冠华王还在随着全国铁路事业的发展继续狂奔向前，公司成为上海铁路局的战略合作企业和食品生产基地，2016 年的销售额高达 1.6 亿元，2017 年预计将增加 1 亿元。江芬儿表示，未来除了为铁路部门与旅客提供优质产品与服务，冠华王也会尝试将营养套餐进一步扩展到社会市场，让更多消费者享受到安全好吃的盒饭。

2017年7月27日

丁 云

智慧供热技术之"星际迷航"

杭州云谷科技股份有限公司董事长 丁 云

亚马逊前任首席科学家安德雷斯·韦恩岸曾说过一句话："数据是新的石油。"有人认为，真实海量的数据，已经成为掌握在互联网巨头手中的稀缺资源，后来者很难从中分得一杯羹。云谷科技董事长丁云却不以为然："在数据这片浩瀚的宇宙里，如今被'点亮'的只是一小片星云，还有广阔的未知星域亟待开发。物联网就是那艘带领我们探索未知数据源的飞船，通过物与物的联动产生新的数据，深度应用到各行各业。"

用颠覆式创新创造社会价值，这是丁云已过不惑之年，仍坚持走上创业之路的初衷。前方没有引路人，他是自己的引路人。"如今我们的整套智慧供热核心技术已经成熟，北方供暖家庭用上我们的技术，每年将为我国节约上亿吨的用煤量。"他期待，未来每家每户的供暖与能耗数据，能像璀璨的星图一样呈现在他眼前。

拨开迷雾：推翻第一代热计量技术原理

生活在江南水乡的人们，一到湿冷的冬天，总会在心中艳羡北方的暖气。但长年居住在南方的人不知道，北方的燃煤供暖是冬季雾霾严重的重要原因之一。每年10月中旬北方开始集中供暖的那一天，原本湛蓝的天空便会被蒙上一层阴霾。

2000年，国家住建部出台相关政策，在北方地区实施供热改革，试图通过热计量收费来达到供热节能的目的。如何收取采暖费的问题就被提上了日程，在经历政府补贴、按住房面积收费这两个阶段后，我国开始推广供暖分户计量，通过安装热计量表收取采暖费。之后，供热计量历经了十年坎坷发展之路。

2010年，时任中控仪表公司总经理的丁云，从同行那里得知了一个消息——第一代供热计量技术几乎全军覆没，整个细分行业陷入低谷。原本专攻工业仪表的丁云，第一次对这个不起眼的民用产品产生了兴趣。"据我所知，参与热计量表标准制定的专家组里，没有自动化行业的专家。"作为国家标准化委员会 TC338 委员，丁云略一寻思，便想通了其中的门道。

随后，他通过市场调研发现了供暖节能巨大的市场潜力与社会意义。"据统计，目前我国北方地区共有 2 亿多户居民，平均每户冬季消耗的燃料相当于 2.5 吨标煤，那么我国每年仅在供暖上就要消耗 5 亿吨标煤，其中浪费的能源占到 30%，无论从环境污染还是从能源消耗角度来看，推动供暖节能都迫在眉睫。"

2012年，丁云正式创立云谷科技，开启了智慧供热领域的"星际迷航"。前方的迷雾并没有遮挡住他敏锐的眼光，正如他所说，"从一开始我们就是冲着节能去的"。从单纯的热计量表到嵌入控制阀门，从研发室温软测量技术到实现整个系统的联动，他与团队走过了最为艰难的五年。

2017年年初，整套城市集中供暖全数字化热网管理系统已经搭建完成，通过换热站、楼栋单元与户间这三个层级的热平衡技术，结合手机 APP 交互平台、设备管理系统、优化控制系统、报表分析系统等，实现供热系统全数字化管控。当千里之外每家每户的供热数据展现在丁云眼前时，他由衷地感到自豪："这套全球领先的智慧供热系统，已经达到节能 20% 的先期目标。"

艰难探索：挑战职业生涯技术难度之最

丁云的身上，有一种技术剽悍之人特有的自信。这个略显清瘦的男人，说话不紧不慢，笑起来也是温文尔雅，但一谈到技术，他骨子里的骄傲便自然显露出来。

20世纪90年代初，浙大中控起步之时，正是中国自动化行业的寒冬。正值国家发出"产学研相结合"的号召，国家计委批准在浙江大学成立工业自动化国家工程研究中心，一批有理想、有抱负的年轻人便走到一起，组建了如今已在国内自动化领域首屈一指的中控。丁云便是这群年轻人中的一个，当时的他刚刚从浙大自动化系研究生毕业，投入研发国人几乎失去信心的 DCS（集散控制系统）。顶着"中国人做不了 DCS"的悲观论调，他与同事凭着一股"睡地铺、爬窗子、吃烤薯"的韧劲，将科研成果转化为可持续发展的技术，开辟出一条独特的产业化道路。

作为浙大中控的第一任研发部经理、第一任研发中心主任乃至第一任主管研发和工艺的副总工程师，不断攀登技术创新高峰、挑战未开发的技术处女地，已经成为他的本能。

但即使在创业前已经充分剖析目标产品的技术原理，设计出了基本的技术框架，智慧供热技术的研发难度依然远超丁云的预期。"我真的没想到，这个产品简直比我在中控做过的所有产品都要难。"

他回忆说，2013年团队投入百万资金，搭建了第一套模具，其间还特地去国外定制精密零部件。最后却发现，由于工艺太过复杂，成品率甚至不到 10%，只能把整套模具推倒重来。一年多之后，他与团队才搭建完成第二套模具，刚开始也只有 80% 的成品率，经历无数次的更新换代，目前这套模具的成品率才合格。

"原来以为自己出来创业应该算是万事俱备吧，没想到会卡在产品研发上。当时没有任何前人的经验可以参考，任何问题都要自己想办法，压力还是挺大的，因为如果做不出产品就不会有后一步。"最关键的技术难点在哪里？丁云解释说："第一代热计量表的传感器原理不适应中国北方的供热水质，我们的产品虽然原理没问题，但没有在民用领域应用的先例。"团队研发出来的末端室温软测量技术，通过一套算法就能准确控制住户的室内温度，这尚且没有第二家公司能够做到。"自第一款产品在小区投放以来，最早的住户已经使用了三年，运行非常稳定。安装我们的产品之后，每户一年可以省下300元左右的供暖费用。"

开荒拓土：颠覆性创新赢得市场认可

科技创新产品，尤其是一些颠覆性创新成果，在发展初期往往会遭遇市场的冷遇。"我们试用过的同类产品都有缺陷，你们这样的初创型公司能行？""你们的技术听上去很悬乎，不会是忽悠我们吧？"……这些质疑都是丁云在过去几年中常常要面对的。事实上，智慧供热技术并不匹配现存的任何一条行业标准，省技术监督局验证这项技术的可行性之后，认定其应该单独制定标准，目前已经上报国家标准委员会。不久之后，云谷科技就将成为国家标准的制定者。

丁云笑称，自家产品的市场开拓过程充满着传奇。"长春亚泰热力公司五年前曾到公司参观。当时我什么都没有，只有脑袋里的一个想法，就用PPT介绍了自己的这套思路。"后来亚泰热力的负责人告诉丁云，就在从会议室到电梯那短短20米长的走廊上，他们决定了要用这套方案，并提供长春的两个小区作为技术试点。这就有了云谷科技的第一个大客户。

云谷科技与山西双良的合作，也有一个曲折的故事。原本双良的董事长已经对热计量产品失去信心，不愿接待云谷科技派出的销售人员，丁云便亲自登门拜访，用了半个小时，言简意赅地阐明产品的原理与核心优势，董事长当天就开会决定与云谷科技达成战略合作。如今，双良热力公司已全线使用云谷的产品，年装机量达上万台，今年还与云谷科技签订了节能运维协议，对节能收益进行分成，一个新型的商业模式即将形成。

丁云告诉记者，今年团队的重心会放在数据分析与远程运维上，未来公司总部将设立指挥中心，监控整个北方的供暖与能耗情况，通过大数据分析为国家供暖节能事业提供优化解决方案。2016年，公司的营收达到了1000万元，他的目标是在三年后超过1亿元。

本着"感知连接世界、智慧开启未来"的愿景，丁云希望能将此前在工业信息化、工业物联网领域积累的技术经验，应用在一些民用领域，让普通百姓也能直接感受到、享受到技术给生活带来的美好体验。

2017年11月15日

李金山
阀门要精密更要"聪明"

杭州金山仪表阀业有限公司董事长

李金山

阀门是流体输送系统中的关键控制部件，但在十年前，国内工业用高端阀门大多是"外国制造"，跑、冒、滴、漏等现象在国产阀门中常有出现，李金山正是在这样的形势下踏入了阀门行业。这个实打实的门外汉，用三年时间埋头研发，打造出属于金山阀业的第一个标杆产品，一举打破国外垄断。

从创立至今，金山阀业的发展一直呈现稳步上升趋势，产品不仅销往全国各地，更是出口到越南、马来西亚等国家。李金山表示，未来希望"金山"能够成为国内大型现代化控制阀行业内集设计、研发、生产、销售、服务为一体的尖端企业，用品质彰显"中国制造"的实力与自信。

贫困村的年轻村支书
总想着带领乡亲们发家致富

在一头扎进阀门行业之前，李金山曾是个在富阳当地土生土长的村支书。

"那会儿还是 20 世纪 90 年代，我们村可以说是镇上最穷困的村，我也只是个 30 岁左右的小伙子，没什么阅历，更没有什么管理经验。"年轻的李金山虽然学历不高，但是头脑灵活，更有一腔豪情，总想着带领乡亲们发家致富。他看到村落依山而建，一片郁郁葱葱的竹海，就想着就地取材发展农副业。

一个竹料加工厂就在这样的背景下办了起来，专门生产纺织印染行业所需的竹夹子。通过广泛发动村里的妇女与老人，工厂的规模越做越大，高峰期拥有 200 多名员工，生产出的竹夹子销往全国各地，这个远近闻名的贫困村竟然一下子富起来了。"其实当时所谓的工厂根本谈不上是一家像样的企业，只是非常原始的家庭作坊，但是产生的效益改善了村民的生活。"李金山笑称，工厂办起来之后，原本常常发生矛盾冲突的婆媳关系也变得融洽了，因为老人家的腰包鼓起来了，大大减轻了家庭负担。

在此期间，原本对企业经营一窍不通的李金山，使出浑身拼劲为工厂四处奔走，他的视野不再局限于一方土地，接触到的是更为广阔的市场与更前沿的经营理念，这些都为此后金山阀业的建立奠定了基础。

三年研发第一款阀门
打破国外同类产品垄断

"十年前，富阳的阀门产业做得很大，最多的时候有 70 多家企业。"李金山说，在为竹料厂做市场调查的过程中，他发现了阀门行业的市场前景，"生产阀门的技术门槛高，当时国内的高端阀门几乎被国外垄断，我们必须走'中国制造'之路。"

就这样，阀门行业多了一个名为"金山"的品牌。创业之初，李金山没有任何专业基础，但他早就暗暗下定决心："要做就做与别人不一样的，做创新的高端产品。"

雄心壮志若不付诸行动，终究是空想，而李金山显然是一位实干家。他几经辗转打听到了一位经验丰富的老工程师，但他人在无锡，李金山便几次三番登门拜访，将他接到富阳进行技术指导，结束之后再送他回去。同时，李金山又找了几个水平过硬的技术人才组成研发团队，自己则边做边学，没日没夜地钻研阀门中的学问。

如果把李金山比作一个捕鱼人，他的终点绝不是捕捞足以养家糊口的小鱼小虾，而是征服深海中最凶猛的鲨鱼。"我了解到有一种广泛应用于热能系统的油阀，附加值很高，但由于技术含量也特别高，国内还没有企业能够生产。"直觉告诉他，如果能够研发出这款油阀，那金山阀业就能在阀门市场上一炮打响。从 2005 年正式注册企业，到 2008 年产品上市，李金山与团队用了近三年时间成功打造出了自己的第一个标杆产品。如今，"金山"的这款产品已经占据了国内 80% 以上的市场份额。

"我们当时租了一间破破烂烂的农民房，条件的确非常艰苦，但是大家从来没有想过放弃。"令李金山开心的是，那位老工程师受到团队精神的感染，后来也加入了"金山"，2016 年才以 75 岁的高龄正式退休。

把阀门当作设备来做
提供个性化解决方案

近年来，富阳的阀门行业正处于转型升级的关键时期，许多规模不大、产品缺乏差异化优势的企业在激烈的市场竞争中逐步被淘汰。据李金山透露，原来的 70 多家阀门企业目前只剩下 30 多家。

为什么金山阀业依然能在行业中屹立不倒？"许多同行仅仅把阀门当作一个零部件，但我们是把阀门当作一个设备来做。"李金山解释说，阀门本身就像人的手和脚，如果没有大脑的控制，那就相当于没有自主行动能力的植物人，而阀门的大脑指的是与之配套的控制系统。正是因为金山阀业立足于系统为客户提供个性化定制服务，从产品的造型、设计、制造到安装、调试、维修都一一包办，才能让客户无后顾之忧。

目前，金山阀业共有 500 多种阀门产品，其中除了通用产品，个性化产品也占据了很大的比例。"要想在阀门行业长久立足，只做通用产品是不行的，必须有个性化生产的能力。"在"金山"的设计中心，每天都在接收来自石油、化工、医疗、电力、食品、轻纺等各个行业所需的设计任务，并基于产品的热态、动态、耐磨、抗震、防火等方面的设计要求，给出无限趋于合理的多种解决方案。比如"金山"专为环保领域创新研发的一款阀门产品，只要在系统中预先设定排污量，一旦排污量超过一定数值，阀门就会自动关闭。

如此强大的创新研发能力，源于金山阀业在产品研发上的大力投入。作为国家级高新企业，金山阀业的研发投入占营收比例高达 8%。李金山说，智慧化是阀门的发展趋势，企业正在与浙江大学合作研发一系列智能阀门产品，目前技术已经成熟，马上就能投入应用。

精心营造企业环境与文化
连续 12 年质检合格

走进金山阀业的大门，就能看到一块刻有"诚信如磐石"字样的石碑，一旁立有一尊朝气蓬勃的小男孩的雕像，仿佛正在奋力向前奔跑，象征着健康向上。往里走，会出现一个小而美的花园，方便员工在茶余饭后放松身心；若是再走到厂区，每个进入车间的人都能看到"拼搏"两个大字。这些细节是李金山在创立企业之初就精心设计的，也是金山企业文化的重要组成部分，他希望为员工营造一种积极向上的环境氛围，并将标语的精神传递到员工心里去。

"我们企业向来只有进来的人，没有出去的人。"李金山认为，企业想要引进人才并且留住人才，必须重视企业文化的建设。据了解，"金山"不仅为员工提供免费的宿舍，还为员工购房购车提供可观的补贴。同时，企业每年组织一次团建出游，这在如今或许已经不算稀奇，但在十年前却鲜少有企业如此大方。在李金山看来，良好的企业文化不仅能增强员工的归属感，也是企业承担社会责任的应尽之义。

除了关注每一位员工自我价值的实现，金山阀业在清洁生产、安全生产等方面也走在同行的前面，连续12年产品质量抽检合格。坚持以诚信为基石，金山阀业在行业内树立了出色的口碑。李金山表示，在上游原材料最紧缺的时期，供应商也会优先考虑为"金山"供货，即使"金山"的高端产品需要不少特制的稀有材料。

不过李金山的心中仍有愿景："在装配制造业成为国民经济的重要部分，工业水平高度象征国家实力的今天，'金山'将继续致力于打造更为先进的设计团队、更为雄厚的生产实力、更为严格的质检体系，为中国现代工业发展提供更为可靠的产品。"

2017年9月8日

任开迅

实现工业互联的践行者

从初出茅庐的青年，步入练达世故的中年，迈迪信息技术有限公司董事长任开迅始终专注于一个领域、一份事业——工业互联网技术的研究与应用推广。

20年前，他开始在国内工业信息化领域的荒漠里踽踽独行，并坚持不懈地浇灌着心中的绿洲。他深知一个道理：当你看到的前方是热闹的，这个方向不一定是正确的方向。"我只知道，我做的这件事对于中国工业的发展有巨大价值。"循着自己的方向，他做好了一辈子孤独前行的准备。

如今，任开迅与团队构建的迈迪网占尽先机，成为国内装备制造业唯一的工业互联网平台，发展势头让许多同行为之惊叹。对此，他却轻描淡写地说："我们只是顺势而为，没有放弃前行，并且努力生存了下来。"

迈迪信息技术有限公司董事长　任开迅

结合 PaaS 与 SaaS 模式
迅速积累 13 万注册用户

"国内装备制造业的设计工程师使用我们客户端的比例，已经相当于国民使用腾讯 QQ 的比例。"任开迅打了这个比方，来说明迈迪开发的设计宝在行业内的垄断地位。

为什么在几乎没有任何宣传推广的情况下，设计工程师们都自行用上了设计宝，并且离不开它了呢？任开迅解释说，因为这个行业内存在普遍的痛点——使用一家供应商的零部件，都需要花费半天甚至一整天的时间绘制样本，这令设计工程师们不仅把大量精力浪费在单调的基础工作上，还容易在数据上出现误差。"通过设计宝，他们可以直接调用由厂家绘制并上传的图纸，根据自己的需求进行调整、组装。这种模块化运作方式至少把工作效率提升了一倍，准确率也接近 100%。"

记者观察到，设计宝的界面与 QQ 的界面类似，但上面的"好友"不是分散的个体，而是全国范围内的装备制造业企业，交织成一个复杂的供应商关系链与庞大的零部件样本库。"个人的社交网络是弱关系，而企业法人之间的社交是强关系，当你的整个强关系网都分布在一个平台上，你自然就离不开它了。"任开迅说。

同时，他与团队还创造性地开发了迈迪二维码交互识别信息系统。用户只要用手机上的"迈迪通"App 扫一扫设备铭牌上的二维码，就能实现产品追溯防伪、查看使用说明或者寻求维保服务。通过"迈迪码"，企业能够以极低的成本有效管控产品流向，监控产品状态，全面提升用户体验。

"迈迪网是 PaaS（平台即服务）与 SaaS（软件即服务）的结合，凭借设计宝这样的应用软件快速积累用户与数据，再以平台为基础向企业提供信息与服务，即通过软件实现价值，通过平台扩散价值。"任开迅表示，自 2016 年改版上线以来，迈迪网在全国装备制造业迅速普及，至今已有逾 13 万注册用户，且还在以惊人的速度不断上涨。

蛰伏十年一鸣惊人
落户杭州高速发展

近年来，随着"中国制造 2025"概念的提出，中央接连出台相关文件，明确鼓励各级政府推动工业与信息化的深度融合。在这一波工业信息化浪潮中，迈迪成了工业界当之无愧的领航者，让人敬佩于任开迅的前瞻性。但实际上，他与团队此前经历了至少十年的漫长蛰伏期，其间承受的现实与精神压力却不为人知。

任开迅大学本科学的是机械专业，研究生阶段则选择了软件专业，之所以萌发将这两个领域进行融合的想法，正是源于他特殊的专业背景。毕业之后，他在家乡山东的高校与行业设计院持续深入针对这个方向的技术研究与应用，并于 2006 年正式成立了迈迪信息技术有限公司。

"装备制造业本身就是一个互联的体系，比如一台笔记本电脑的零部件不可能全部由一家企业自主生产，而是需要向供应商采购，但是各方信息交换与技术交流的效率低下，无法实现真正高效的互联互通。"任开迅说，他与团队致力于通过技术手段改变这种状况，"但在十年前，互联网概念尚未在国内普及，员工甚至不被允许使用互联网，大部分企业都不理解我们在做什么。直到 2014 年，阿里巴巴的上市让大家一下子意识到了互联网的巨大价值，同时开始接受互联网在工业界的应用。"

2015 年 4 月，任开迅带领迈迪落户杭州——这个被定义为有着互联网基因的城市，无论是政策、资本，还是人才、环境，都非常有利于互联网企业的发展。"落地的过程超乎寻常地顺利，在其他地方常常是企业围着政府转，在杭州是政府围着企业转，主动为企业提供优惠条件与全套服务。"他说，这让他对企业未来的发展更有信心了。

之后，迈迪迈入了高速发展期，团队仅用两年时间就完成了全国范围内的布点。截至 2016 年年底，迈迪已经在京津冀、环渤海、长三角、珠三角等核心经济圈的中心城市，设立了 12 个运营中心和子公司，总部杭州则被任开迅定位为迈迪的数据中心和服务中心。

构建装备制造业生态圈
今年服务范围扩展至全球

许多创业者的终极梦想都是构建完整的生态圈，但是真正做到的却是寥寥无几。

任开迅对于生态圈有自己的独到见解："真正的生态是水，是阳光，是空气，它能让你活得更好，帮助你实现自身价值。"他放慢了语速，原本轻松的笑意也带上了几分郑重。"我们希望能为装备制造业企业创造价值，为他们带来长远的发展机会，进而推动整个行业的进步。生态圈不可能只让一个小圈子受益，它一定对整个社会有利。"

"迈迪网纵向打通供应链，完整构建企业供应商、外协厂、服务商和用户的信息即时互动平台，帮助企业形成基于产业链的竞争优势；横向贯穿企业的研发、采购、制造、销售、售后服务、产品追踪等业务领域，帮助企业快速整合市场资源，提高产品质量；将企业和企业、设计师和配件供应商、供应商和潜在用户有机联系在一起，打通制造业上下游资源信息渠道，在工业领域实现了协同设计、协同制造、协同质控、协同服务的创新应用模式。"他自信地反问道，这难道不是一个生态圈该有的模样吗？

正是因为能让各方受益，迈迪提供的服务就能让用户心甘情愿地付费。任开迅说，迈迪从来不"烧钱"，而是以清晰的盈利模式支撑新产品的研发，形成良性循环的生态闭环。

任开迅表示，2017年将成为迈迪的腾飞年。由于公司早期的发展主要依靠口碑，团队以技术研发人员为主，2017年计划物色优秀的市场人才，公司规模预计从200人扩大到500人。同时，为了满足供应商的产品面向国际市场的需求，公司计划上线迈迪通英文版App，将服务范围扩展至全球。毫不夸张地说，属于迈迪的时代正在来临。

2017年2月23日

叶氏姐妹花

四代传承 演绎旗袍情缘

叶建英 叶丽英

杭州威芸实业有限公司创始人

　　见到叶氏姐妹时，她们各着一袭华美的旗袍，亮眼却不张扬。姐姐叶建英娴淡雅致，妹妹叶丽英则英气爽利。岁月没有在双姝身上烙下风霜的印迹，反倒沉淀下独特的韵味，更显出宠辱不惊、从容不迫的气象来。

　　从繁华的上海滩到静谧的西子湖，她们从祖母手中接过天赋的针线，以诗一般的服饰语言，尽抒中国女性对美的理解与追求；以敏锐的时尚触觉引领中国风的浪潮，演绎江南女子的刚柔并济。

从祖母手中接过天赋的针线
练就口口相传的好手艺

　　叶氏姐妹与旗袍的渊源，还得追溯到20世纪30年代的上海滩。在那个新旧交替、动荡传奇的年代，凭借一手精湛绝伦的针线活，她们祖母的旗袍裁缝店引来了无数上海女子络绎不绝的穿梭。在这对孪生姐妹只有四五岁时，就对巧夺天工的盘扣、精致巧妙的手绣醉心不已。她们沉浸在奶奶用吴侬软语娓娓道来的旗袍故事里，不经意间就将旗袍情结萦绕在心间，整天缠着奶奶学习绣花编扣。哪怕在布匹上画个线，拿个碗倒点水，用烫斗将衣服熨平整，也会让两个小姑娘乐不可支。

　　转眼到了1983年，两姐妹高中毕业，便跟着知青母亲回到了杭州。出于对服装行业的热爱，她们双双进入夜校学习，姐姐叶建英选读时装设计，妹妹叶丽英选读缝制技术。一个设计，一个制作，刚好合了"分工不分家"的古训。两姐妹白天上班，晚上学习，休息时就进行"实战演练"，为家中老人制作中式上衣，奶奶则在一旁悉心指导。家人的认可让两姐妹更坚定了自己的方向。

　　两姐妹的好手艺很快就在亲近的朋友与同事圈中传开了。妹妹叶丽英的同事周妈妈，原是杭州众安桥一家米行的大小姐，因为一直有深厚的怀旧情结，便央求叶丽英给她的媳妇做一件旗袍，枣红色金丝绒面料。旗袍一做好，30多岁的周家媳妇一穿上，美得让大家眼前一亮。周妈妈惊喜之余，马上将叶氏姐妹引荐给了海外的华侨亲戚们。

　　就这样一传十、十传百，许多归国华侨与即将出国的留学生，纷纷找上门来，希望叶氏姐妹为自己定制一件中国风的服装，既亮眼，又能解乡愁。眼看着手上的活儿越来越多，姐妹俩便离开原来的工作单位，在家中全职做起了衣服，直到两姐妹到了谈婚论嫁的年龄。

"不怕苦，怕的是没得吃苦"
成为武林路上的常青树

1987年10月和1988年1月，这对姐妹花分别结婚，并在不久后各自生下了儿女。两姐妹商量，等孩子上小学了，就一起开个店，"去看看外面的世界"。1995年12月，武林路318号开出了一间只有19平方米的小店面"晶晶"，姐妹俩终于有了自己的小天地。

"开业那天我们的心情还是很忐忑的，没想到闸门才拉了一半，等在外面的客人就争相拥进来了。"叶建英回忆道，当时孩子就在马路对面上学，原想着中午还能让他们回店里吃饭，这个天真的幻想很快就被现实打破了。"中午是周边的政府单位与企业员工休息的时间，却是我们的生意最红火的时候，怎么可能还有时间给孩子做饭？"本着"不怕苦，怕的是没得吃苦"的精神，姐妹俩给自己定下规矩：定制三天取件，加急24小时取件。她们白天接单，制版裁剪到深夜，每天工作到凌晨两点才睡下。

同行们一边艳羡叶氏姐妹红火的生意，一边暗自疑惑，为什么客人都喜欢她们做的衣服？要知道，那会儿她们店里卖的衣服，一套的价格在120元到150元之间，相当于普通人半个月的工资。可见她们走的是高端路线，绝不是凭借低价取胜。

叶建英神秘一笑，说起了姐妹俩提升制作工艺的秘诀。"出入我们店铺的客人，大多是社会上有一定身份地位的人，他们常常从国外穿一身国际大牌回来，但是号型往往与他们的身材不太匹配，穿着并不合身。我们看到这种情况，都会免费帮他们修改，并借此机会研究西式裁剪与缝制的工艺，可以说是受益匪浅。"善心结出了意外的善果，让她们很是惊喜。

说到这里，思维敏捷的妹妹叶丽英马上在一旁补充道："我们还经常相伴去龙翔桥翻看从日本进口的旧西装，仔细观察它的结构、线条等细节工艺，两个人边看边讨论。"她说，最大的收获就是从中发现了粘合衬的应用，使得柔软易皱的面料看起来自然挺括。

武林路开店5天之后，她们就招了3个工人；一个月后，工人成了5个；一年后，就成了8个，随后15个……"我们一直对员工强调，顾客有什么需求都应该满足，要与客人成为朋友。"正是基于对制作工艺与取件效率的不懈追求，加上无可挑剔的服务态度，这家店成了武林路上开店历史最长的常青树，22年屹立不倒。

社会名流纷至沓来
客户催生威芸品牌

新事物的成长总要经历一个过程，中式服装的回归也是如此。叶氏姐妹已然点亮了中式时尚的火把，只等一阵风将星星之火吹成燎原之势，而这阵极其关键的"东风"就在21世纪翩然而至。

2000年，《花样年华》电影热映，片中由张曼玉饰演的女主角苏丽珍，用一身华美的旗袍尽显东方女子的风韵，不知让多少人为之心折。妹妹叶丽英回忆说，当时电影尚未在杭州上映，她特地托人将海报从上海带回来，贴在店面橱窗上，还定制了几件苏丽珍同款挂在店里，吸引了不少爱美女性的眼球。

伴随着香港、澳门先后回归，中式服装和旗袍的时代真的到来了，姐妹花的事业迎来了第一个高峰，小小的旗袍店成了社会名流出入的场所。八一篮球队领队郑海霞，社会活动家陈香梅，原全国人大副委员长陈慕华，物理学家李振道与夫人，世界科学巨匠霍金与夫人，演艺界的史可、陈法蓉、赵本山、傅彪、何赛飞、伊春德等，都曾慕名而来，找姐妹俩为他们定制中式服装。

"很多人一开始不敢把旗袍穿到大街上，觉得难为情，但喜欢上旗袍往往就在一瞬间，就像一个开关，一打开就关不上了，一穿上就不想换了。"叶丽英笑着说，"穿旗袍会使人变得柔软，许多职业女性原本把所有的心思都放在工作上，爱自己的心很少，旗袍帮助她们把女人的感觉慢慢找回来了。"

眼看着生意越来越好，叶氏姐妹当时在杭州十四中老校长赵碧野的帮助下，在凤起路开起了第二家店。这时的客户已经有了品牌意识，不少人向她们提出，希望衣服上有独特的商标，威芸由此诞生。

四代传承　演绎旗袍情缘
开启物联网个性化定制生产线

旗袍，成就了叶家双生姐妹的事业。2015年，公司将"威芸"品牌正式升级为"葳芸"。

白衣黑裙，一抹江南水墨画印于胸前——在 2016 年杭州 G20 峰会为各国嘉宾举行的欢迎晚宴上，现场礼仪小姐和工作人员所穿的一袭极具杭州特色的中式旗袍，正是出自中国十佳设计师叶建英之手。2017 年 5 月 26 日，近千名中外佳丽身着由威芸公司精心制作的各式旗袍，同时出现在全球各地。这个声势浩大的杭州全球旗袍日，也是威芸登上世界舞台的重要契机。

更令叶氏姐妹欣慰的是，她们的女儿和儿子已经长大成才，同样致力于传承旗袍文化。叶丽英的女儿陈泓瑾学服装设计，叶建英的儿子汪子耀学行政管理，他们用新一代的蓬勃朝气与创新思维，为品牌注入了新鲜血液和时代活力。

"威芸正在开发一条全物联网个性化定制生产线。其中，全物联网指的是工厂的管理人员与顾客能够实时跟踪生产流程，清晰地看到每件衣服进行到哪个步骤。"汪子耀解释说，"个性化定制则是从服装设计源头切入，将整套服装解剖成多个零部件，供顾客在线上自行搭配。"同时，顾客可用手机拍照替代人工量体，通过与威芸几十年积累的人体体形数据进行匹配，系统将自动生成最适合的尺寸数据。

陈泓瑾则独立开发了一个针对年轻女性的中式子品牌——妩言，希望让更多的年轻人爱上旗袍。"我们在威芸总部开辟出一方空间作为艺术展厅，展现旗袍自古以来的演变史，还计划开办培训班，传授编织盘扣等手艺。"叶氏姐妹花的旗袍情缘，将因为这份传承延续而不断演绎流传。

郭 瑞

我们赶上了一个
IP产业的好时代

2017年3月，美盛文化（证券代码：002699）再次出手，其全资子公司香港美盛对美国五大玩具商之一的JAKKS进行投资，以19.5%的股权成为JAKKS第一大股东，共享包括迪士尼公主系列、冰雪奇缘系列、米奇老鼠系列等IP衍生品变现的发展红利。一个用混合思维玩转IP界的"70末"商业才俊，一块常年被视作低龄化存在的消费市场，一个极速扩张的泛娱乐文化生态圈，三者如何撞在一块儿，催生出一只超级"独角兽"？

在郭瑞十多年的产业投资经验里，出击与拓展是重要的主旋律。投资JAKKS后，郭瑞更加有底气了："我们赶上了一个IP产业的好时代，美盛要做中国IP变现龙头。"

美盛文化创意股份有限公司总裁　郭瑞

面对机会
迅速反应果断进击

而立之年加入美盛，为美盛出谋划策、悉心指引，也见证了它从上市、转型升级再到稳步发展，持续产业升级，全面布局动漫、游戏等原创内容的发展轨迹。近十年商场搏杀的刻痕在38岁的郭瑞身上并不显著。

和郭瑞的第一次见面就在杭州美盛总部的办公室里，他笑着跟我们打招呼，给人的直接感觉是"和蔼可亲"。我甚至记不起来他有没有穿笔挺的正装，显然他不是那种线条坚硬随时散发出攻击性的男人，相反，郭瑞是一个儒雅的绅士，语速不紧不慢，语调温和从容，与他在商场上的果断与进击形成一种微妙的反差。

这一点，显然郭瑞自己也意识到了，他形容自己是一只猫，内心却住着一头老虎。温和是他的外在，但反观内心，坚韧、笃定，也带有一定攻击性，这种攻击性不是张牙舞爪的凶猛，而是面对机会时的迅速反应、果断出击。

业界至今仍流传着关于郭瑞用一盏茶的工夫敲定一桩投资的成功案例。内容商业化服务商 WeMedia 的媒体联盟的 CEO 李岩曾亲口证实了这则传奇——在一个活动间隙，在酒店大堂，一壶38元的茶水，聊了十来分钟，初步投资意向就落定了。

郭瑞爽快地解释了这个看似有些"冲动"的决定，他说，迅速反应、果断出击是建立在对项目的综合考量上，关键在于：第一，看对方的项目思路和定位是否贴合当下行业形势的发展，是否贴合美盛的战略布局；第二，看团队的实力，尤其是看团队负责人的背景、对项目的愿景，和美盛是否匹配，以及他是否有能力把我们共同看好的方向、思路带到具体的执行中去。WeMedia 是最具实力的自媒体孵化平台之一，它能帮助美盛去挖掘、培育和运营最优秀的自媒体 IP，同时自媒体的发布和传播也是放大 IP 最有效的方式之一。

郭瑞自认为是一个做决策快速干脆的人，面对合适的机会主动出击，挖掘最契合美盛发展的团队、项目与标的，是他一直在做的事。

海外并购
拓展产业上下游

创办于 2002 年的美盛文化，一开始专注的只是动漫衍生品动漫服饰的生产销售。2012 年 9 月 11 日上市后，美盛文化迎来发展黄金期。这个时候，新的产业拐点也到来了。

和迪士尼等公司合作后，美盛文化的海外销售一直保持增长，利润可观，即使不转型，公司每年给出的红利也足以让股东满意。但美盛文化显然不满足于此。

"上市前，我们就制订了以动漫服饰产业为基础，向上下游进行发展的战略方向。上市后，我们在自身动漫服饰产业高速发展的同时，通过产业并购快速实现我们的战略目标。"郭瑞表示。

从 2013 年至今，美盛文化的并购、收购非常活跃，目前已经投资收购 30 多家公司。2017 年 3 月，美盛文化再次出手，其全资子公司香港美盛对 JAKKS 进行投资，持有 JAKKS19.5% 的股权，成为 JAKKS 第一大股东，共享 IP 衍生品变现的发展红利，进一步拓宽公司海外衍生品市场。

说起 JAKKS，大众对其产品一定不陌生，它是全球最大的玩具及其他儿童消费产品的生产商、销售商之一，拥有众多著名 IP 授权，如《美女与野兽》《星球大战》《蝙蝠侠》《超人》《冰雪奇缘》《超级马里奥》《汽车总动员》，以及《迪士尼公主》等。小姑娘们最爱的冰雪奇缘系列 ELSA 和 ANNA 的服装，迪士尼公主系列包括灰姑娘、睡美人、长发公主、小美人鱼等漂亮的长裙也都在他家旗下。美盛文化与 JAKKS 一直有着多年稳固的业务合作关系，如今双方更深层次的合作，正是美盛文化近年致力于转型升级之路的重要布局与集中体现之一。

IP 生态圈
一个更大的机会

　　谈到动漫 IP，很多人都会有一定程度上的"低龄"印象，包括迪士尼公主系列，也包括美盛的美少女 IP《星学院》系列。但郭瑞不这么看，他表示，IP 消费本质是对自身价值观的精神消费。美盛的 IP 战略并不局限于年龄的差别，不同年龄层的 IP 有着不同的最佳变现方式。儿童的 IP 文化消费是一种基础消费，当产业升级、消费升级到一定程度时，成人的精神消费就会介入进来，而且会进入一个快速发展期。美盛也在这样的大背景下迅速布局，视角对准不同的人群，积极引领全年龄人群的 IP 消费。近几年，美盛已开始对很多成人 IP 进行布局，比如第一情感自媒体 IP 同道大叔、史诗玄幻 IP《妖神记》等。

　　这些年，美盛一直在做高附加值的产品，这里说的产品，不仅仅是实物 IP 衍生品，也包括动漫、游戏、影视等文创作品，这过程中有一个关键词就是 IP。美盛要做的就是 IP 变现龙头，一方面通过打造 IP、投资与孵化 IP、合作 IP 等方式来产出 IP，另一方面通过衍生品、游戏、影视等进行 IP 变现。

　　"IP 衍生品是美盛文化的核心竞争力和竞争壁垒，我们会持续在衍生品产业链条上进行横向和纵向的深化。"郭瑞表示，横向会在服饰、玩具、日用品等多产品领域拓展，纵向则在国内、海外的渠道上不断加强，线上、线下的不断融合，再加上比如悠窝窝、1001夜等品牌的重点培育。

　　"游戏和影视是我们的两大生态竞争力。"郭瑞介绍，在游戏生态中，美盛有强大的 CP 研发能力，和在支付、广告、发行、代理等方面全面的游戏服务能力；影视生态中，美盛搭建起了国内优秀的 3D 动漫团队，有着一流的影视投资制作发行能力。

　　截至目前，美盛文化已经完成了"自有 IP+ 内容制作 + 发行运营 + 新媒体运营 + 衍生品开发设计生产 + 线上线下渠道"的闭环打造。近年来，公司转型升级之路越来越清晰，关键点就是围绕 IP 内容的生产和变现发力。

"美盛要在整个 IP 变现产业链条中，做到一站式变现，打造'IP 文化生态圈'。"郭瑞对此充满了信心，他把 15 岁的美盛形容成朝气蓬勃的青春少年，随时捕捉着多次元时代的快速变化，他也会带着这种年轻的力量，创造更美好的精神消费体验。

2017年11月2日

郭瑞

229

王 鹄

做大健康产业的"公共管家"

浙江康禧控股有限公司董事长 王鹄

在康禧控股董事长王鹄看来，创业的路上没有捷径，唯有勤奋与专注，是放之四海皆准的"真经"。

即使经营着 7000 余人的企业，他仍然敢说自己是公司里最勤奋的人。就在采访的当天，他忙到凌晨三点，但早上八点依然准时出现在公司。"我必须为员工做出表率，只有我自己先做到，才有资格要求别人。"

同时，他也用自身经历诠释着专注的力量。"一个行业做了两三年就放弃，换一个行业肯定还是会遇到同样的困难。一个行业至少要干十年，才有可能做深做透，小有所成。"

专注于物业管理十余年，康禧控股如今已经成为全国 50 多家医院的"公共管家"，一年累计服务 50 万病人。下一阶段，王鹄将围绕整个大健康产业展开布局，通过建立信息化管理平台打造完整的闭环，以 B 端为根基向 C 端延伸，覆盖更多的服务人群。

一腔孤勇走上创业路
从"蜘蛛人"做到"石材护理"

王鹄出身于书香门第，爷爷是小学校长，奶奶当了一辈子的乡村小学老师，父母也同在高中任教。家庭背景为王鹄提供了良好的教育环境，他高中毕业顺利考上了当时的杭州大学，就读于金融与经贸学院。

但出乎长辈意料的是，王鹄的心中竟然萌发了创业的想法。"毕业之后想在杭州安家落户，光靠父母肯定不行，我胆子也比较大，就想自己闯闯看。"这种颇为冒险的行为，在思想保守的家人那里自然无法得到理解。但王鹄从小就很有主见，认定了的事很难被改变，在他的坚持下，父母终于妥协，还帮忙筹集了两万元创业资金。"当时他们撂下狠话，说我的'老婆本'都在里面了，如果失败了他们不会再帮我。"

对于开启一份事业来说，两万元不算一笔大数目，怎样把有限的资金用在刀刃上，以最快的速度回本盈利，是王鹄苦思冥想的难题。20世纪90年代国内各大城市的现代化建设刚刚起步，越来越多的高楼拔地而起，使得一个新兴行业应运而生——建筑物外墙清洗，也就是人们通常所说的"蜘蛛人"。"这个行业门槛不高，有市场需求，又很少有人做，作为创业初期的突破口再好不过了。"说干就干，王鹄带领着一支三个人的小团队，第一年就承接了十多万元的外墙清洗工程。

有了一定的基础之后，他还对简单的外墙清洗业务进行升级，在行业内率先提出了"石材护理"概念，成立了浙江省第一家专业的石材护理企业。"当时我们去工商局注册，工作人员都不明白我们的公司是干什么的，但是市场上确实已经出现了这样的需求。"再一次占得了市场先机，王鹄回忆说，三年之后公司的营业额已经达到上百万元。

特殊时期坚持按期完工
成为医院依赖的后勤管家

2003年，对于所有中国人来说都是刻骨铭心的一年——由SARS病毒引发的非典型肺炎从中国广东顺德快速扩散至东南亚乃至全球，一时间人心惶惶，人人自危。

那一年，王鹄的公司恰好承接了杭州市第六人民医院的新大楼开荒工程。负责清洁的工人听说非典爆发，不愿意在离疫情最近的医院工作，开荒进度停滞不前。得知这样的情况之后，王鹄带领着公司的高管团队，前去医院开展清扫工作，按期完成了整个工程。"当时也没有想很多，只是觉得跑路太不负责任，没人干就自己上嘛。"王鹄说得云淡风轻，但他的做法却实实在在打动了医院的院长，对方指明将医院的物业管理交给之前没有任何经验的王鹄团队，只要通过三个月的试用期，就签订一年的正式合同。

这个难得的机会，王鹄自然牢牢地抓住了。康禧过硬的服务质量与极强的责任意识，在业内口口相传，越来越多的医院选择把自己的"后院"交给王鹄的团队管理。康禧的业务也从卫生保洁逐渐延伸到治安管理、工程维修、绿化维护、餐饮服务、物资运送、医患看护等除核心医疗以外的整个内部流程管理。

"国内的医院与国外相比，关键的差距不在医疗水平上，而是在就医环境上。医院不应该只是一个用来治病的地方，它完全可以成为一个环境幽雅的疗养所，一个多功能的商业综合体。"王鹄说，康禧一直致力于改善国内医院的就医环境，为人们提供更好的就医体验。除了为医院提供基础的物业管理服务之外，团队也提供商业配套的规划与运营。

"医院的人流量和商业体相差不大，医院的工作人员、患者以及陪护的家属都有消费的需求，但是大家对医院配套商业的固有印象往往是质不优价不美，这是非常不合理的现象，医院提供的配套服务理应比其他地方更好才对。"王鹄的理念得到了越来越多医院的认可，目前已经有不少医院采纳了康禧设计的商业解决方案。王鹄相信，未来人们不仅能够在医院吃到美味的健康食品，买到实惠的生活用品，也能找到开展其他休闲娱乐活动的合适场所，满足多样化的需求。

开发信息化后勤管理平台
计划做大健康产业服务商

为了建立更加专业化、现代化的物业管理体系，王鹄自前年起组建了一支技术团队，开发出了一套信息化后勤管理平台。"我们的模式不是'互联网+'，而是'+互联网'。"他解释说，与纯粹的互联网公司不同，康禧开发信息化平台的目的是解决实际运营过程中存在的问题，实现后勤管理的智慧化。以背后的专业执行团队作为支撑，整套流程就能够落到实处，而不会沦为"空中楼阁"。

以医院物流系统为例，无论是运送物资还是病人，传统的做法都是通过打电话来传递信息，这种方式存在不小的安全隐患，容易受到各种主客观影响出现差错。但若是用信息化平台对这一流程进行管理，医生、护士与服务人员中任意一方发出的信息，都能即刻被另一方准确接收并执行。这样一来，差错率降到了最低，物流效率也大大提升了，还能实现整个流程的可追溯。

除了物流之外，报修、陪护、点餐等各个后勤服务环节也都在康禧的信息化平台上实现了智慧化，从而形成一个完整的闭环。据王鹄透露，目前已经有18家医院用上了这套信息化平台，预计会在2017年年底铺完康禧服务的所有医院。

"更关键的是，平台上会沉淀大量的数据，通过对大数据进行分析，得到的结果不仅能够用于医院管理的进一步完善，对于未来大健康产业的发展也具有巨大价值，比如为养老机构与护理人员找到自己的精准客户，提供更人性化的服务。"依托于开发的信息化平台，康禧将成为医院乃至整个大健康产业的服务商，由各个细分领域的公司负责具体工作，康禧则扮演统筹安排的角色，制定考核标准与奖罚措施，保证体系的正常运转。

上个月，王鹄收到了新三板的挂牌函，将正式带领康禧走向资本市场。"企业上市是考虑到可以让企业运营更加合规，对管理团队起到正向激励作用，同时打通融资通道，未来将借助资本的力量把蛋糕越做越大。"

2017年5月4日

陈 凯

再孵化出两个利尔达

如果想要定义陈凯的创业特点，可能免不了"二代"的标签。31 年前，从陈凯与利尔达集团一同诞生开始，两者之间就注定会有密不可分的关联。

从海外求学到接管公司，在陈凯的人生经历中，他目睹了利尔达集团从简单的家族企业蜕变成规范化现代企业，经历了利尔达内部产品线的变革之路，也见证了利尔达 2015 年在新三板的上市。作为利尔达集团的传承人，陈凯从父亲和职业经理人手中接过这个偌大的盘子并加以运作实属不易，但未来他还需要承担得更多。在公司快速扩张的发展阶段，如何将企业精神继续传承创新，并做到百年企业，似乎还需要耗费更多的时间去加以思考酝酿和拼搏。

利尔达科技集团股份有限公司副总裁　陈凯

一路独自求学
从人工智能学到市场营销

说起陈凯的成长经历，可能和大多数人都不大一样。

1993年，7岁的陈凯只身一人从温州来到杭州上小学，求学之路相当孤单。在那些年中，他经历的都是寄宿制学校生活，只有寒暑假期间才可以回家在父母身边待一段时间。

初中毕业，陈凯收拾行李开始了自己的海外求学之旅。短短7年时间内，从瑞典辗转到伦敦，他完成了高中、大学以及研究生三个重要的学习阶段。本科阶段，陈凯学习了人工智能，与利尔达的行业有着莫大的关联；研究生阶段，他攻读了市场营销，也与公司发展休戚相关。他这么解释自己的选择："虽然是跨学科的深造，但是只有将技术和商业两者结合起来，才可以更好地利用自己所学习的知识。"

2010年年底，陈凯终于结束了在外求学的生活，从英国回到国内。彼时，刚回国的他在上海一家拥有百年历史的美国半导体芯片公司工作了一年。"短短一年的时间让我学到不少。"陈凯对自己的经历抱有这样的看法，大公司的体系、运作模式其实对于创业者的管理框架是一个很大的指引，尤其是关于集团公司的顶层架构设计。

回到利尔达
辗转不同岗位取得好成绩

利尔达集团最早是依靠从香港、深圳等地批售芯片到华东地区开始发家的。后来随着企业不断发展，2005年，利尔达开始做物联网，2009年，公司的家族性质开始蜕变，走向上市。

"规范化的同时也吸引更多的人才吧。"陈凯这么解释上市的原因。他透露，伴随着规范化发展，当时的利尔达确实请到了不少职业经理人对公司进行管理和业务引导。不过这仅仅是职业经理人的一大职责，他们的另一"隐藏"职责，就是培养陈凯，让他可以成为独当一面的利尔达总裁。

抱着这样的既定目标，陈凯回到杭州，回到了利尔达。他从带领海外销售团队开始做起，也算正式加入了利尔达。当然，陈凯的第一枪打得出奇顺利，这个海外销售团队在陈凯的带领下，两年内的业绩从两百万人民币一直做到了两千万人民币，从两人销售小组壮大到八人的海外销售部门。

产品、市场、商务……海外销售只是陈凯历练的开始。接下来的几年时间，他又经历了更多不同的岗位。据陈凯介绍，利尔达内部分为三个事业部：占据公司70%业务的传统元器件代理、新兴发展方向的物联网产品生产以及智能楼宇、智能停车等智慧产业。在六年时间内，除了人事和财务，这三个事业部中大大小小的岗位，他基本都接手或参与过。

"当时的运气也真不错，每到一个部门都是销售额翻番。"陈凯感到非常庆幸，几年的历练不但证明了自己的"好运气"，同时更让他对利尔达和自己都有了更深入的了解。

好的一面，是让自己可以随时切换角度看问题，从管理层和底层员工两个方面都可以顾及。另一方面，五年时间的基层相处经验，也会让他在做重大决策时因为常常顾及底层员工的情绪，而影响到整个公司的决策。"这还需要我继续修炼内功呀。"陈凯笑着说。

决定再创业
着手内部孵化子公司

如果说陈凯的父亲赶上了改革开放的好时机，那么陈凯则赶上了"双创"的时代浪潮。在陈凯眼中，这是物联网的最好时代，更是一个创新创业的最好时代。

在利尔达的第五年，也就是2015年4月，经历了五年轮岗经历之后的陈凯正式进入了公司管理层，被任命为产品副总裁，主要负责市场、研发以及公司最近几年新规划发展的产业——物联网技术。

作为一个用产品说话的技术公司，陈凯负责的部分分量不小，可以说是利尔达的心脏部门，责任重大。自古新官上任三把火，陈凯被任命为副总裁之后，他不像别的管理者先从开源节流做起，他首先想的是如何切实为员工谋取福利，尤其是公司内三四十岁的中层员工，为他们提供一个晋升的机会。思来想去，他想出了一个好法子，那就是在自己负责的部门内实行内部孵化。"内部孵化不但可以给员工动力和激励，齐心协力把利尔达再做大，同时还可以孵化出更新更细的产品线，将利尔达的产品在现有的基础上再做一个升级。"

奔着这个目的，陈凯开始着手内部孵化公司。两年时间内，陈凯管辖的部门已经成立了三家子公司，规模都是在千万到亿元之间。

"我们搭建平台，为这些子公司提供服务。比如 HR 和财务都是由集团统一提供的。他们只要安心做研发就好了。"陈凯说，他的愿景是孵化出一个乃至两个像利尔达这样年业绩可以做到一亿元的企业。在他看来，孵化出一个利尔达，那就是保本了，如果孵化出两个，自己的这辈子定是无憾了。

目前，陈凯大部分的精力都专注在孵化内部企业上，他透露，自己将会在两年到三年后把整个利尔达公司从职业经理人手中接管下来。"压力肯定是有的，但是我的信心会更大。"陈凯自信满满。他已经做好了准备，在将利尔达全盘接管后，会再一次开启自己与利尔达的全新征程。

2017年7月6日

图书在版编目（CIP）数据

杭商故事 . Ⅳ / 杭州市工商业联合会编 . — 杭州：
浙江文艺出版社，2018.1
ISBN 978-7-5339-5195-5

Ⅰ . ①杭… Ⅱ . ①杭… Ⅲ . ①企业家—生平事迹—杭
州—现代 Ⅳ . ① K825.38

中国版本图书馆 CIP 数据核字（2018）第 015208 号

责任编辑　陈　坚　张　雯
装帧设计　水　墨
责任印制　朱毅平

杭商故事Ⅳ

杭州市工商业联合会　编

出版发行　*浙江文艺出版社*
地　　址　杭州市体育场路347号
邮政编码　310006
网　　址　www.zjwycbs.cn
经　　销　浙江省新华书店集团有限公司
制　　版　浙江新华图文制作有限公司
印　　刷　杭州佳园彩色印刷有限公司
开　　本　710毫米×1000毫米　1/16
字　　数　212千字
印　　张　15.75
版　　次　2018年1月第1版　　2018年1月第1次印刷
书　　号　ISBN 978-7-5339-5195-5
定　　价　48.00元